Somos Pantallas

Somos Pantallas

Somos pantallas

Gustavo Hernández Díaz

Humberto Jaimes Quero

INDICE

Introducción

"Somos pantallas" podrá parecer un título provocativo. En cierta medida lo es. Porque hablamos de comunicación y lo menos que hacemos es comunicarnos. Porque hablamos de diálogo y lo menos que hacemos es dialogar y mucho menos tratar de lograr todos juntos la armonía de los contrarios. Porque en las organizaciones la comunicación se pierde cuando ni siquiera se sabe lo que está haciendo el otro. Quizás prima el egoísmo, la envidia, el rumor y la incertidumbre, vale decir, las sombras del ser humano. Porque hace falta que como humanos "tele-e-videnciemos" la realidad informativa y comunicacional, en el entendido de que hay que poner en evidencia el lado oculto de los medios masivos, de Internet, de las redes sociales, de las aplicaciones tecnológicas, de los algoritmos y de la Inteligencia Artificial. Porque la televisión sigue siendo la madre de todas las pantallas. Coexisten las televisoras online, las distribuidoras de series y películas como Netflix y los prosumidores (consumidores y productores de contenidos en la red) que tienen un canal en YouTube. "Somos Pantallas" porque generamos narrativas similares a las de la televisión tradicional, en plataformas como Instagram y TikTok. Porque nuestra respuesta negativa ante tantas pantallas es el zapping o cambio de canal ya sea porque perdimos interés por lo que vemos o escuchamos o porque nuestra manera de "Ver" el siglo XXI es desde una mirada inquieta que requiere de narrativas fragmentadas. Porque siguen predominando los estereotipos de belleza que son propagados no solo por la publicidad sino por los mismos usuarios de las redes sociales. Ellos aprovechan su rol de "influencer" para patrocinar algún producto de belleza o para propagar imaginarios, fantasías y tendencias idealizadas en torno a la mujer. Porque estamos tejidos de redes emocionales y nos enredamos para dar cuenta de nuestros más genuinos intereses. Porque preferimos ser virales y tendencias, estar amarrados a un celular y seducidos por las aplicaciones tecnológicas sin intentar una relación humana libre de toda mediación tecnológica. Hasta aquí nuestros porqués. Ustedes listen otros porqués desde las revelaciones de sus propias experiencias audiovisuales. Por cierto, daremos cumplida nuestra misión si los amables lectores que han resistido esta introducción toman conciencia de los efervescentes cambios en la sociedad red que demanda de soluciones democráticas a favor de ciudadanías conectadas o no con las redes sociales. Esperanzados por un viento fresco que sople a favor de una humanidad más llevadera y plausible. ¡Que esta esperanza sea el sonido de este libro desde ahora!

Capítulo 1

De Bono nos presta sus sombreros para pensar la sociedad-red

Gustavo Hernández Díaz

Todo sistema organizacional o institución social requiere, indudablemente, de la información y del conocimiento para garantizar y fortalecer su funcionamiento, su pertinencia social y nivel de competitividad. Hasta aquí no estamos diciendo nada nuevo. Quizás lo atípico de nuestra posición radicaría en proponer que es imprescindible que las organizaciones y las instituciones sociales aprendan a pensar sobre las decisiones y que las mismas no sean el producto de la mera intuición, de la impulsividad o de la costumbre por miedo al cambio. Aprender a pensar requiere de unas herramientas que nos permitan discernir sobre todos los campos del saber. Algunos de los temas que deberían debatirse en las organizaciones son la ética y la deontología. Incluso, es necesario aprender a pensar sobre nuestro sentido común, pese a que, en algunas ocasiones, es el menos común de los sentidos.

Erich Fromm señala en ¿Tener o Ser? que la sociedad contemporánea ha optado por el más pagano materialismo. El proyecto de hombre conceptuado por las grandes corporaciones transnacionales se basa en incentivar la adquisición de necesidades superfluas y en convertir el afán de lucro en un fin en sí mismo. Consumir es sinónimo de tener. Fromm diría literalmente que el consumo compulsivo degenera en un enfoque pseudeontológico de la vida que se explica mediante la sentencia materialista: "yo soy = lo que tengo y lo que consumo".

Una sociedad que gasta en publicidad millardos de dólares mientras que la inversión en seguridad social sigue siendo superlativamente mínima, es una situación inaceptable que reclama la atención inmediata no solo de los científicos sociales, sino de todos los que habitamos este planeta. Hoy en día, no hemos sido capaces de atenuar las endemias sociales como la desnutrición, el SIDA, el analfabetismo, la prostitución infantil, las hambrunas, el desastre ecológico y, en tiempos recientes, el terrorismo.

Por cierto, la competitividad en el campo publicitario no está reñida con la humanización de la sociedad. Se puede ser competitivo en el mercado, sin desmedrar la calidad de vida, sin lesionar los valores humanos.

No podemos demonizar la publicidad; esto sería un contrasentido. El uso deontológico, ético y responsable de la publicidad determinará su calidad estética y moral. Visto esto, sería injusto no mencionar, por lo menos, algunos valores positivos de la publicidad. Este género narrativo, columna económica de los medios masivos tradicionales y de Internet en sus más variadas manifestaciones en las redes sociales, presenta estas cualidades positivas: Brinda información sobre productos en el mercado. Mejora la calidad de vida. Financia publicaciones, instituciones, investigaciones científicas y creaciones artísticas. Contribuye a la creación de empleos dentro de la misma industria. Coadyuva a reforzar los valores humanos universales (amor, respeto, tolerancia, diversidad cultural, inclusión social).

Valorar según el Diccionario de la Real Academia significa: "reconocer, estimar, o apreciar el valor o mérito de alguien o algo". Nuestra intención en este artículo no es otra cosa que reconocer y apreciar el valor de la información en nuestra sociedad. Sin dejarnos seducir por falsos contenidos que esconden ideologías, dogmas e intenciones crematísticas. Hasta los momentos, hemos adelantado algunas ideas. En lo que sigue iremos más al fondo de este asunto. Formularemos cinco principios que abrevan de la psicología, de la pedagogía y de la sociología de la comunicación, que nos permiten valorar la información y el conocimiento en el marco de las organizaciones y de las instituciones.

1.- Lasswell vs. Schramm: ¿Quién gana?

Sostenemos la idea de que es imprescindible ponderar la información para de esta manera evitar su uso meramente instrumental. Este tipo de uso nos ha llevado a cometer errores indeseados que están haciendo cada vez más insoportable este mundo desbocado en el que habitamos.

Es apremiante, entonces, evaluar la información, haciéndose algunas preguntas: ¿por qué es información?, ¿cuáles son los datos o los registros de la realidad que le sirven de soporte? ¿en qué consiste su complexión teórica o paradigmática?

"La información es poder" es una máxima cargada de muchas significaciones. Muy connotada ella, por ejemplo, cambia de atuendo cuando se le ubica en la teoría de la comunicación y especialmente en los modelos comunicacionales de Shannon, de Lasswell, de Newcomb, de Jacobson y de Schramm. Sin pretender ahondar en este tema, nos centraremos en dos modelos antitéticos: el de Harold Lasswell y el de Wilbur Schramm.

Harold Lasswell quiere persuadir a la audiencia con fines meramente comerciales y políticos; Wilbur

Schramm pondera la respuesta que ofrece la audiencia ante los mensajes difundidos por los medios masivos y las tecnologías.

Dos maneras de comprender las influencias de la información en la sociedad. Lasswell prefiere mensajes que incidan en las mentes de consumidores, para él los efectos del mensaje suponen un cambio observable y predecible en el receptor; mientras que en la otra acera Schramm, sí toma en cuenta la complejidad cultural de la audiencia, sin reñirse con el mercado, con el saludable propósito de fortalecer la democracia comunicacional. La propuesta de Schramm crea las condiciones para que la audiencia dialogue con sus comunidades de apropiación en torno a las informaciones emitidas por los medios. Y segundo, su propuesta comunicacional reconoce la opinión y las necesidades sociales de la audiencia que interactúa con los medios con el objeto de producir cultura, educación y entretenimiento de calidad.

A Lasswell le interesa: ¿Qué hacen los medios y las tecnologías con las audiencias? Schramm se pregunta: ¿Cuál es la interacción que establece la audiencia con los medios e Internet?

En síntesis: ¿Somos audiencias pasivas o somos humanos activos con criterios culturales ante la ecología comunicacional?

2.- La información se valora cuando la constatamos

¿Qué ocurriría si le restáramos importancia o valoración a la información que se difunde en la comunicación cara a cara, en los medios masivos globalizados, en la superautopista de Internet, en las instituciones sociales o en la torre de control de un aeropuerto? Sencillamente, el desconcierto, la incertidumbre y el caos nos destruirían. Sin embargo, el ser humano, mediante sus procesos psíquicos conscientes e inconscientes, está dotado de innumerables herramientas, mecanismos y estrategias que le permiten encarar la realidad, sea esta objetiva o subjetiva. Suele ocurrir que una mentira es preferible para aplacar la incertidumbre.

Uno de esos tantos mecanismos que utiliza la mente para asir y comprender la realidad se explica gracias a la psicología genética de Jean Piaget. Nos explica Piaget que el ser humano está facultado para asimilar, acomodar y lograr el equilibrio informativo en aras del aprendizaje y de la producción del conocimiento.

Asimilar es interpretar la información que proviene del contexto sociocultural a partir de los esquemas mentales y de los conocimientos previamente adquiridos en nuestra infancia y en nuestras mediaciones sociales (familia, escuela, amigos, religión, profesión, solo por nombrar algunas). La mente acomoda la información reestructurando el punto de vista que tenemos de la realidad. Cualquier tipo de reordenamiento supone, muchas veces, un conflicto cognitivo. Nos cuesta reordenar nuestros conocimientos porque estamos amarrados a los prejuicios o habituados a ciertos modelos, muchas veces, sin convicción propia.

El conflicto se genera porque una información nueva causa, por lo general, incertidumbre o la llamada entropía, según la teoría clásica de la información de Claude E. Shannon. El equilibrio cognitivo es como el alba. Nos sentimos más aliviados cuando somos capaces de relacionar, comparar, justificar, imaginar, predecir y manipular la información adquirida a partir de nuestros conocimientos previos.

A tenor de esto, se aprende significativamente y, por ende, se construye conocimiento cuando relacionamos la información con nuestra experiencia vivida, con nuestra vida onírica, con nuestras emociones. Esta ha sido la enseñanza que también hemos heredado de la psicología educativa de Ausubel, Hanesian, Novak y Gowin.

3.- De Bono nos presta sus sombreros

Requerimos de conocimientos que nos permita establecer lecturas de los hechos en aras de reducir la incertidumbre de la vida y proponer alternativas. No podemos aceptar que la información se registre y almacene en nuestra mente, cual grabadora en *REC,* esto es, de manera automática, sin evaluación alguna. Nos cae como anillo al dedo el siguiente pensamiento de Fernando Savater (1997, p.32), que aflora en su estupendo libro El valor de educar: "No es lo mismo procesar información que comprender significados (…), la verdadera educación no solo consiste en enseñar a pensar sino aprender a pensar sobre lo que se piensa (…)." Sin embargo, ¿cómo se puede pensar lo que se piensa?, ¿Por qué es necesario pensar lo pensado? ¿Acaso nos vamos a convertir en filósofos? ¿Por qué, no? No hay que pedirle permiso a Sócrates para pensar.

Organizaciones y seres humanos en su cotidianidad toman decisiones basadas en las emociones, prejuicios, en la crítica despiadada y sin fundamento, en la búsqueda de alternativas cargadas de impulsividad. Que sin dudar de las buenas intenciones de estas maneras de pensar pueden conducir al desastre porque no se han examinado a cabalidad ni sus consecuencias sociales.

Proponemos el Método de los seis sombreros de Edward De Bono, que proviene de su teoría del Pensamiento Lateral, con miras a que las organizaciones y los mismos seres humanos perfeccionen sus estilos de vida, proyectos, objetivos y metas, su misión y visión.

El Método De Bono es aplicable a todos los momentos de la vida. Su atractivo es que se aprende a pensar partiendo de las emociones y de los juegos. Los seis sombreros para aprender a pensar consisten en seis sombreros de colores donde cada color representa una forma de pensamiento. Cada sombrero nos enseña a dirigir nuestra atención en forma deliberada sobre una determinada manera de reflexionar. Presentamos, enseguida, el esquema del método de los Seis sombreros... para que lo puedan adaptar a las circunstancias que se les presenten:

1. Sombrero blanco: hechos, cifras e informaciones. El sombrero blanco centra su atención en la información que tenemos a nuestro alcance y la que nos hace falta a los fines de nuestro análisis. Cuando pensamos en este sombrero nos

preguntamos: ¿Qué información tenemos? ¿Cuál es la información que nos falta por conseguir? ¿Cómo podemos obtener la información que necesitamos?

2. Sombrero rojo: emociones, sentimientos, presentimientos e intuiciones. Este sombrero nos permite exponer abiertamente y sin restricciones nuestros sentimientos para que puedan participar en nuestros pensamientos. Nos preguntamos: ¿Qué sentimos en este momento sobe el tema que estamos analizando? ¿Cuáles son realmente las motivaciones que nos llevan a pensar determinado aspecto de la realidad?

3. Sombrero negro: juicio, verdad, precaución, comparación de los hechos. La mente cuando opera con este sombrero se convierte en un juez severo. El sombrero es crítico y evaluativo. Juzga y/o refuta la validez de los esquemas de razonamiento. Este tipo de pensamiento nos evita incurrir en errores y cometer tonterías por falta de experiencia. Pensar con el sombrero negro plantea las siguientes preguntas: "¿Concuerdan estas ideas con nuestra experiencia? ¿Es coherente esta idea con nuestros objetivos, nuestros planes y nuestra política? ¿Es coherente con nuestros valores, nuestra ética y lo que consideramos bueno y justo? Como el sombrero negro es un sombrero lógico,

¿siempre hay que dar las razones por las que algo parece no encajar?" (De Bono, 1994, p.104).

4. Sombrero amarillo: ventajas, beneficios, oportunidades. Pensar con el sombrero amarillo es identificar en forma diáfana las razones lógicas para que exista alguna esperanza sobre determinado proyecto. El pensador de sombrero amarillo se pregunta: ¿Cuáles son los efectos y/o los beneficios? ¿Merece la pena orientar todos nuestros esfuerzos en esta idea? ¿Qué aportes depara esta decisión para mi crecimiento personal y académico?

5. Sombrero verde: explorar, inspeccionar, reconocer, sondear las alternativas de acción. Este sombrero es potencialmente creativo debido a que indaga la idea más factible para llevar a cabo un proyecto. Es creativo porque las informaciones que hemos seleccionado mediante el sombrero blanco se han configurado como alternativas de pensamiento, las cuales pueden provocar algo o hacer que algo suceda. Pensar con el sombrero verde nos lleva a presentar ideas alternativas para resolver problemas o tomar decisiones.

6. Sombrero azul: pensar sobre lo que se piensa. Supone que debemos desplegar nuestra capacidad intelectual para controlar y evaluar el proceso de nuestro pensamiento. Implica preguntarnos: ¿Por

qué pensamos de esa manera y no de otra? ¿Las informaciones que hemos acopiado y procesado son las más indicadas? ¿Es coherente y práctico el plan de pensamiento? ¿En qué se fundamenta el modelo conceptual de nuestro pensamiento? ¿Por qué esta idea no contiene suficiente información? ¿Por qué nos estamos fijando tanto en nuestras emociones o en los beneficios, sin saber si son realmente ideas alternativas? ¿Estamos pensando metodológicamente? ¿Cuáles son las fortalezas y debilidades de nuestro pensamiento?

Finalmente, los *Sombreros para pensar* de De Bono son altamente lúdicos porque nos permiten combinar los sombreros para examinar un proyecto o cualquier problema que suscite en la cotidianidad de una empresa o en una institución. En el caso de las comunicaciones masivas, por ejemplo, podemos aplicar el sombrero rojo, esto es, nuestras emociones, a un anuncio publicitario y luego colocarnos un sombrero amarillo para identificar lo positivo, negativo e interesante de un producto. En caso de que tengamos prejuicio contra alguien, una manera de quitarnos ese sombrero rojo es colocándonos el blanco para informarnos un poco más sobre esa persona. Muchas veces nos sorprendemos de nuestra conducta irracional cuando aplicamos el modelo De Bono. ¿Quién sabe si esa persona, dardo de nuestras neurosis, se convierte en uno de nuestros mejores aliados? En fin, hay muchas formas de jugar con los sombreros, sin restarle la seriedad e importancia a la toma de decisiones en las organizaciones.

Para Stephen Covey, unos de los llamaos gurú de la teoría de las organizaciones, hay que pensar en ganar/ganar. Esta perspectiva nos permite acicatear la abundancia material y espiritual para todos. Este tipo de gerencia vence al egotismo, la soberbia y la avaricia. Una organización que piense en el ganar/ganar indudablemente favorece la existencia humana de las mediaciones sociales. Una organización que respeta a los usuarios, a las audiencias, a las personas, lo que persigue, en esencia, es comprender primero y después ser comprendido. Porque es a partir de la experiencia de los demás podemos aprender de nosotros mismos.

Decía el sabio Albert Einstein: "Dios no juega a los dados con el hombre". Hasta la información más lesiva, por la vía pedagógica podemos convertirla en un instrumento para la reflexión y para la acción. Un dicho de un gran amigo, nunca se me olvidará: "No te (pre)ocupes, ocúpate". Y precisamente esta máxima de la vida cotidiana es la que nos ha enseñado Piaget, Ausubel, De Bono,

Schramm, Savater. ¿Qué más nos hace falta para aprender a valorar los flujos informativos y el conocimiento? Contestamos, a título personal, basándonos en nuestra experiencia en la dirección de una institución académica. Hace falta: amor, respeto, perseverancia, locura, razón, pasión, emoción, sueños, esperanzas, creatividad, serenidad, unidad y servicio. También agregaríamos a esta combinación la paciencia, no entendida en su uso peyorativo (lentitud, pasividad), sino en otro de sus sentidos literales: "1. Capacidad de soportar molestias sin rebelarse; 2. Facultad de saber esperar, contenerse; 3. Aptitud para realizar trabajos entretenidos o pesados". Todos estos ingredientes se licuan y se beben con un vaso de disciplina.

Somos Pantallas

26

Capítulo 2

Tele-e-videnciamos ¿qué es eso?

Gustavo Hernández Díaz

La televisión en la sociedad tejida de redes sociales sigue estando vigente en el mundo. Hay muchas clases de televisiones, abierta, por suscripción, cableada, satelital, televisoras públicas, privadas, productoras que son televisoras y prosumidores que tienen un canal en YouTube. Si por cada prosumidor es un canal entonces todos o casi todos somos canales, medios de comunicación en potencia, significa que el "Homo Sapiens es el mensaje", creo que no se equivocó McLuhan.

Este asunto derriba los viejos paradigmas de los efectos de los medios y arribamos a otro más comprometido con el contexto, la interpretación y el significado. Me refiero al modelo de Aprender a "tele-e-videnciar" de Guillermo Orozco que es hacer consciente nuestra interacción con la televisión. Es disfrutar de los mensajes televisivos y estar atentos a los valores y desinformación que este medio difunde.

Tele-e-videnciar es poner en evidencia lo que oculta el mensaje televisivo. Y para conocer lo que se oculta se requiere estar formado en estas seis competencias: 1) Tecnológica (capacidad para un uso eficaz de los medios y tecnologías). 2) Conocer el lenguaje audiovisual y multimedia e interpretar los mensajes en el contexto de su difusión. 3) Habilidad para autoevaluar la dieta mediática, reconocernos como audiencias de los medios y prosumidores en las redes sociales. 4) Conocer sobre las herramientas que proporciona las tecnologías para producir contenidos multimedia. 5) Considerar la dimensión axiológica, los valores globalizados a favor del derecho a la comunicación y la democracia mediada o no por tecnologías. 6) Saber reconocer la tradición estética proveniente de los medios tradicionales, televisión y cine, sobre todo, con miras a un disfrute más consciente de la ecología audiovisual y multimedia.

Si consideramos la etimología de la palabra "televisión", que significa "ver lejos" o "visión a distancia", este medio sería más que un mero aparato electrodoméstico enchufado a la pared para colmar nuestras horas vacías o para tratar de encontrar diversión, información y cultura.

Apoyándonos en esta etimología, uno de los objetivos de la Educación Televisiva, sea en la escuela, la universidad o en otros ámbitos no formales de la educación, consiste en formar a las personas para que sean capaces de "ver lejos", lo cual significa tener la competencia metodológica para comprender este medio de manera integral, tomando en cuenta sus cualidades de índole económico, político, cultural, psicosocial, semiótico y tecnológico. En la medida en que hagamos consciente cómo es nuestra interacción con los programas televisivos a través de una "mirada integral", en la medida en que vayamos más allá del sentido denotativo o explícito de los mensajes estaremos en capacidad de detectar sus fortalezas y debilidades para contrastarlos con nuestra vida cotidiana. Esta forma de encarar las comunicaciones masivas nos permite extraer provecho cultural de la experiencia televisiva y de los medios masivos en general. Si bien es necesario considerar lo que es evidente en los mensajes televisivos, también es importante preguntarse por aquellos aspectos de orden temático, narrativo y estético que no suelen develarse o que suelen dejarse al margen.

1.- Considerar la realidad que está dentro y fuera del encuadre de nuestro encuadre cultural

Recuerde lector, que lo que está fuera del encuadre de la cámara, vele decir, lo que está fuera del encuadre cultural no es fortuito. Lo que no aparece también refuerza valores, ideología y maneras de entender la vida. Si usted es ferviente consumidor de películas distópicas es por algo. Pero no crea que la vida es una distopía. La vida hay que vivirla en presente con sus construcciones y representaciones culturales y no desde la pantalla de una productora de contenidos de entretenimiento. La realidad no debe atornillarse a nuestra manera de pensar y tampoco debemos hacer genuflexión ante ella. Realidad y pensamiento deben dialogar y extraer desde este diálogo nuestras propias conclusiones. Esto no queda aquí. Luego cabría socializar nuestro punto de vista para profundizar más lo que hemos pensado con nuestros semejantes. Esto aplica para la interacción con los medios, redes sociales y comunicación "cara a cara" no mediado por tecnologías.

Usualmente reflexionamos sobre los temas que se presentan en un determinado programa ficcional o informativo, pero muy pocas veces reparamos en la necesidad de detenernos a pensar en aquellos aspectos que se han omitido por alguna u otra razón. Ya lo he dicho. Tan importante es lo que se difunde como lo que se soslaya o queda fuera de la percepción (o del encuadre visual) de las audiencias y de los prosumidores (productores y consumidores de contenidos en Internet). Todos los factores de índole psicosocial, industrial, cultural y comunicacional deben considerarse al momento de abordar la televisión como objeto de estudio.

Reiteramos la idea de que tan crucial es lo que se transmite como lo que no se muestra en este medio. Consideración que se extiende al resto de los medios masivos tradicionales de comunicación (cine, medios impresos, radio e Internet).

Ha llegado el momento de elaborar una Teoría de la Omisión Cultural en Televisión. ¿Y por qué no, una teoría de la omisión de los medios y redes sociales? Que nos haría preguntarnos básicamente sobre el porqué de las omisiones y exclusiones culturales y sociales que se suscitan muchas veces en la programación televisiva nacional y foránea lo cual nos llevaría, a su vez, a pensar en temas profundos y vigentes que, en el caso de nuestro país, se vinculan con el derecho a la comunicación, la libertad de expresión y con la necesidad de contar con genuinos servicios públicos de televisión, que garanticen la pluralidad, la transparencia y la autonomía de sus contenidos.

"Ver lejos" es una manera de "tele-e-videnciar" o hacer conscientes los mensajes. Este neologismo que hemos tomado del libro Televisión, audiencias y educación del investigador mexicano Guillermo Orozco, resulta provocador y atractivo porque es una manera de recordarle a la audiencia de la televisión, a los que pretenden estudiar este medio con fines pedagógicos que es imprescindible hacer evidente o poner en el tapete tanto los contenidos manifiestos como los implícitos en sus mensajes. Esto no supone, como señala este autor, que el proceso de "Tele-e-videnciar" radique en: "(...) endoctrinar o inocular (...) reprimir, prohibir o simplemente criticar". Agrega: "Se trata sí, de poner las condiciones para facilitar el análisis y la reflexión de los sujetos audiencia y para facilitar en última instancia su aprendizaje de lo televisivo" (p. 107).

Tele-e-videnciar implica identificar los intercambios que realiza la audiencia con la televisión. Este concepto dista de polarizar la relación entre la audiencia y este medio. Es por eso que se prefiere estudiar la televisión en términos de interacción, lo cual implica preguntarse cuál es la relación que establece la audiencia con la televisión sin caer en el determinismo de cómo afecta este medio a la sociedad. No se trata de medir fuerzas, ya que queda superada la idea de los efectos fuertes de los medios y la visión funcionalista de los usos y gratificaciones. Estos enfoques le otorgan un poder irracional y desmedido a los medios y las audiencias, según sea el caso.

2.- Tele-evidenciamos de muchas maneras

En esta dirección, *tele-e-videnciar* supone entonces analizar, entre otros aspectos, las diferentes modalidades de intercambio social entre la audiencia y la televisión. Estos intercambios pueden ser simbólicos, perceptivos, afectivos, agenciativos, normativos y pragmáticos. A continuación, veamos cada uno de ellos:

El *intercambio simbólico* tiene que ver con los significados que se generan de la interacción entre la oferta programática de la televisión y la audiencia.

El intercambio perceptivo se refiere a los guiones mentales y a los patrones cognitivos que intervienen en el momento de procesar el contenido transmitido por la televisión. "La noción de guión (script) se vinculó por primera vez a la audiencia de la TV en los trabajos de Durkin cuyo objetivo fue estudiar la generación de estereotipos en los niños resultantes de su televidencia" (Orozco, 1996, p. 37). Según Orozco, Durkin define guión como una representación mental que ordena y sistematiza una secuencia de eventos dirigida a la obtención de una o varias metas. La adquisición de los guiones mentales comienza desde la etapa neonatal cuando el bebé comienza a relacionarse con su papá o su mamá y continúa a lo largo de la vida. Para Orozco: "Un guión puede ser aprendido a través de la observación de actuaciones específicas de los otros o representándolos personalmente" (p. 38). Cuando los guiones se reproducen por la observación, permiten a los actuantes tomar decisiones en situaciones sociales nuevas.

El intercambio afectivo es aquel que vincula las emociones que presenta la televisión y las expectativas que las audiencias tienen de ellas.

El intercambio agenciativo está conformado por las actividades, las costumbres, los usos y las preferencias que la audiencia circunscribe a los géneros televisivos.

El intercambio normativo se refiere a las rutinas que el sujeto espectador realiza con el medio televisivo. Por ejemplo, existen espectadores que se han acostumbrado a ver sólo los noticieros que se difunden en el horario estelar de la noche mas no les interesa ver otro género televisivo.

El intercambio pragmático tiende a flexibilizar la relación entre la audiencia y la televisión. Este intercambio supone que "los mismos miembros de la audiencia se asumen activos, capaces de modificar televidencias particulares" (p. 73). La audiencia no se siente compelida a ver televisión; es capaz de buscar otras formas de entretenimiento y de elegir cualquier programa que le es de interés sin estar sujeta a normas.

3.- ¿Qué es Ser audiencia de la televisión?

Seremos capaces de reconocernos como audiencias de la televisión cuando aprendamos a diferenciar entre un espectador impulsivo y un espectador reflexivo, entre un espectador irracional y un espectador selectivo, entre un espectador adicto a la pantalla chica y un espectador que sabe administrar las horas de exposición televisiva; las sabe administrar porque la televisión no es el epicentro de su vida. Uno de los propósitos de la Educación en Televisión se afianza en la idea de que se tiene que *descentrar* este medio como principal fuente de información,

formación y diversión. La televisión no tiene que convertirse en nuestro único referente sociocultural. Según este autor, la mediación escolar, familiar y las comunidades de amigos albergan valores morales que intervienen en la interpretación de los mensajes televisivos. De manera que estas mediaciones tendrían que asumir la televisión como un objeto de análisis y de discusión.

El primer paso: reconocerse como audiencia. No es nada fácil. Hay que reconocer cómo interactuamos con la ecología comunicacional. Y muchas de estas interacciones no queremos hacerlas explícitas y ni siquiera que otros lo conozcan. Examinarse como audiencia en el entendido de que tendremos que reflexionar con mucho detenimiento sobre estos aspectos: a) los diversos usos de la televisión y las gratificaciones que derivan de ella; b) los tipos de programas que asiduamente se ven; c) las reacciones de conformidad y disconformidad ante los mensajes; d) los grados de criticidad ante la oferta televisiva existente; e) las conductas concretas que generan los programas; y f) las tensiones educativas que se suscitan entre la televisión, la escuela y la familia, solo por citar algunos aspectos.

Orozco entiende por mediación (1998, p 41): "Un conjunto de 'influencias que estructuran el proceso de ver televisión'". Este investigador prefiere emplear el concepto de influencia en lugar del concepto de efectos porque la misma audiencia puede rechazar, complementar y hasta reforzar la emisión de los mensajes. También se habla de influencias porque no existe una relación directa y causal entre los contenidos difundidos por la televisión y sus posibles impactos en la audiencia. Pensar en el determinismo de los efectos supone dar cabida a que no existe contexto cultural para la interpretación de los mensajes, supone admitir la prescripción cultural de la entidad que emite el mensaje mediático.

4.- Comunidades de interpretación: no vemos solos

El escenario que desborda las fronteras de las comunidades de apropiación o del momento de ver en privado la televisión es lo que Orozco denomina comunidades de interpretación. Estas comunidades permiten a las audiencias compartir múltiples interpretaciones (o mediaciones) que giran en torno a la programación televisiva a fin de llegar a un consenso grupal. En las comunidades de interpretación las audiencias socializan e intercambian los significados, las imágenes y los discursos propuestos por la televisión. De este intercambio pueden resultar nuevas apropiaciones. Las comunidades de interpretación se hallan integradas por el ambiente familiar, escolar, los grupos de amigos y demás instituciones sociales donde los sujetos sociales comparten diferentes tipos de significación sobre los mensajes televisivos. El diálogo, la socialización de las ideas y la participación son elementos importantes para arribar a ciertos consensos y también a los disensos que se originan cuando se comparan los temas que difunde la televisión con los valores de la audiencia televisiva.

Negociación del significado televisivo. La audiencia no es un recipiente vacío esperando ser colmado por imágenes y sonidos y por las ideologías y estereotipos de la representación televisiva. Su mente no está en blanco cuando observa sus programas favoritos. No obstante, a pesar de que la audiencia tiene la capacidad de: "negociar, resistir y aun contraponer significados o darles nuevos significados a partir de los referentes televisivos (...) siempre esas cualidades son limitadas" (Orozco, 1996, p. 29). Son limitadas en tanto que la audiencia es susceptible de presentar un elenco de significados que aun cuando pudieran ser novedosos no hacen más que reforzar, pero de otro modo, las ideas legitimadas por el mensaje televisivo. Algunos niños cuando ven las comiquitas tienden a incorporarle más violencia a los conflictos de los personajes, argumentos que, dicho sea de paso, están minados de altas dosis de agresión y de hostilidad.

Las fuentes de mediación (Orozco, 1996) pueden ser: individuales o cognitivas, institucionales, videotecnológicas, situacionales y referenciales.

Las mediaciones individuales o cognitivas consisten en aquellos esquemas, guiones o repertorios mentales de carácter psicosocial y cultural de los cuales se sirven los seres humanos para atribuirle sentido y certidumbre a su realidad.

La mediación institucional está constituida por aquellas agencias sociales de producción de interpretaciones (amigos, familia, escuela, movimientos sociales, medios masivos, iglesia, etc.), que complementan la percepción individual que el sujeto alberga sobre cualquier tipo de situación. Con esto queremos señalar que la televisión, como medio de difusión masiva, no es la única fuente de sentido social. La audiencia que hace uso de la televisión y de los medios masivos, en general, interpreta los mensajes tomando en cuenta sus repertorios culturales (género, etnia, edad, religión, profesión, etc.), haciendo de ellos una lectura diferente y propia.

La mediación videotecnológica comprende los medios masivos de comunicación y las tecnologías de punta que operan al servicio de estos medios. En el caso específico que nos compete, la institución televisiva se desplaza en dos sentidos. Primero, tiende a reproducir los valores de las instituciones sociales, pero también espectaculariza la corrupción moral y las patologías humanas. Este último aspecto es el plato fuerte de las telenoticias y de los reality shows. Segundo, esta institución es capaz de generar su propia mediación utilizando los códigos específicos del lenguaje audiovisual, los cuales se expresan a través de los géneros televisivos, que como sabemos pueden ser ficcionales (telenovelas, seriales, comiquitas, reality shows, publicidad, etc.) e informativos (noticieros, programas de opinión).

La mediación situacional se refiere a los escenarios específicos donde interactuamos con los medios. Así pues, el hogar, la escuela, la calle, las juntas de barrio, los restaurantes, son algunos de los escenarios más relevantes donde la audiencia se relaciona con la televisión.

Finalmente, la mediación referencial interviene también en el proceso de interpretación de los discursos massmediáticos. Ésta contempla edad, género, religión, etnia, raza, nivel socioeconómico y cultural-educativo.

5.- El proceso de realista.

Componente apelativo y emocional de los medios. Cada una de las mediaciones que hemos conceptualizado se presenta como un discurso social y cultural que se interpone y filtra el discurso de los medios de difusión masiva. Suele ocurrir que una determinada mediación se impone en algún momento sobre las otras. Por ejemplo, la mediación televisiva ostenta un alto componente apelativo, persuasivo, emotivo y estético hasta el extremo de que tiende a cautivar y, por ende, debilitar la reflexión crítica del individuo. Esto se observa particularmente en los infantes, en cuya etapa cognitiva no hay capacidad de procesar información compleja, basada en proposiciones y abstracciones de carácter deductivo. Por lo tanto, son muy vulnerables a la manipulación ideológica de los medios masivos.

La actividad de ver televisión no concluye al desconectarnos de la pantalla. De allí que la interacción de los medios con la audiencia presenta tres momentos importantes: un antes, un durante y un después de ver televisión. Un antes de ver televisión en el que la audiencia lleva en la mente sus referentes culturales y los recuerdos de los programas televisivos. Es una situación pretelevisiva que sirve de antesala a la percepción de los mensajes; un durante/ante el medio televisivo, que acontece en la exposición televisiva y en donde la interacción con la televisión genera múltiples interpretaciones socioculturales que pueden ser aceptadas, complementadas y hasta rechazadas por la audiencia de manera razonada, inconsciente o espontánea; y, finalmente un después de ver televisión, que se origina cuando las interpretaciones de los mensajes se desplazan a otros ámbitos sociales, donde la audiencia intercambia sus opiniones extratelevisivas con la familia, los compañeros de clase o los miembros de su comunidad. De lo anterior se deduce que en el proceso que antecede y prosigue al hábito de ver televisión, la audiencia *negocia* el sentido de los mensajes televisivos, y aporta a los mensajes su propia experiencia psicosocial y/o cultural, sus propios valores y creencias para socializarlos. Se llega a producir en ese intercambio un sinnúmero de connotaciones o de sentidos diferentes que tienden a desbordar el significado original o denotativo del mensaje televisivo. El término *negociación* conlleva también la idea de que el mensaje televisivo es altamente denotativo debido a que los géneros televisivos se estructuran basados en temas y argumentos explícitos, que luego las audiencias reelaboran para producir socialmente otros sentidos que pueden estar de acuerdo o no con el mensaje original propuesto por la industria televisiva.

En síntesis, reconocerse como audiencia implica tener una clara idea de lo que se entiende, entre otros aspectos, por: a) mediación, b) comunidades de interpretación, c) negociación del significado televisivo, d) fuentes de mediación, e) componente apelativo y emocional de los medios, f) proceso de ver televisión, y g) por supuesto, de lo que implica el tele-e-videnciar o hacer consciente la interacción con la televisión.

Capítulo 3

La televisión sigue siendo la madre de todas las pantallas
Gustavo Hernández Díaz

Ya he dicho en este libro que si estamos en capacidad de Tele-E-Videnciar, apropiándome de este infinitivo de Orozco, para definir la manera en cómo ponemos en evidencia a la forma de expresión, valores, creencias, ideologías y estereotipos de los contenidos televisivos; también en este siglo XXI se ha pulverizado los usos de los medios masivos por la hercúlea presencia de la Sociedad Red y su paquete de redes sociales, que es otra sociedad muy diferente a la sociedad de los seres humanos que se vinculan cara a cara, sin la intervención de los dispositivos móviles.

La Red Social ha puesto en cuestionamiento los modelos de comunicación tradicionales. Hacen faltan propuestas novedosas que representen las relaciones de ciber-interacción que se basa en Todos a Todos y no de Uno a Todos. El Todos a Todos en la red es más rápido que un parpadeo.

Lasswell ha inspirado la otra manera de persuadir, quizás más efectiva, que nos lleva a retomar la teoría del reforzamiento del aprendizaje de Bandura.

El algoritmo publicitario y propagandístico se encarga de legitimar creencias y estereotipos. No hace falta que esté detrás un conglomerado de especialistas, psicólogos, técnicos en mercado, economistas, sociólogos y áreas afines porque el algoritmo sirve para satisfacer el "más de lo mismo de la condición humana". El algoritmo envía lo que queremos escuchar más no disentir. Refuerza valores, pero no nos muestra otros como posibilidad o alternativa diferente. El algoritmo elaborado por Google o Netflix, por poner un ejemplo, ratifica tu mundo. Refiere contenidos que satisfagan tus usos y gratificaciones. Llega un momento en que creemos que tenemos alternativas, libre albedrío, pero solo es una creencia. Porque el algoritmo nos hace intuir que tenemos libertad de elección. Seducidos por el algoritmo no buscamos más allá de nuestro horizonte, la cobertura algorítmica es lo que debemos conocer no otra cosa, si "conocer" cabe en esta idea. Más que conocer, corrijo, es consumir.

Decía que nos falta un modelo comunicacional para la Red Social, para Internet, aunque reconozco que Manuel Castell llegó al plano teórico en su formulación sobre la Sociedad mediada por la red, pero aún no hemos llegado al modelo de comunicación informacional que nos permita visualizar las dinámicas que se tejen en la ciber-interacción.

Ya se ha dicho que la Televisión ya no es la lineal que conocíamos y experimentamos. Era Unidireccional con su Poder de Emisión. Verdad de Perogrullo. La televisión pública y privada migró a Internet, aún convive con la señal abierta. Lo inédito es que "somos ahora televisiones" en la medida en que asumimos el rol cibernético de Prosumidor. Es una condición virtual que nadie puede destronar porque brinda visibilidad en la persona que antes era desconocida o que no era propensa a la socialización "cara a cara", persona a persona. Visible en Internet es anhelar ser viral, tendencia, cancelador, juez supremo, activista del teclado, pero más allá de eso no hay más nada. Ya no eres ni un periódico de ayer porque el ayer no existe en la virtualidad, el pasado ha sido triturado por el presentismo, ni siquiera por el presente sosegado para tomar decisiones coherentes.

Me sirvo de esta introducción en las que mis influencias más inmediatas han sido los científicos sociales Sygmunt Bauman, Manuel Castells, así como los educomunicadores Joan Ferrés, Mario Kaplún y Guillermo Orozco para representar o presentar un relato de vieja data, una narrativa ya cumplida en otros tiempos cuando era director del

Instituto de Investigaciones de la Comunicación de la Universidad Central de Venezuela en aquellos ocho años que transcurrieron desde el 2005.

Y lo que pretendo con este relato es que lo resignifiquen de acuerdo a sus experiencias, que le den otra orientación en esta época de Internet, en esta era de la información líquida. Que lo que voy a decir, que puede parecer superado y vetusto, lo adapten a sus propias circunstancias en el marco de la cultura digital.

Va de pantallas de esta manera:

En la pantalla nada es fortuito. Aquí juega un papel crucial la dimensión técnica del medio, la cual nos proporciona la simultaneidad y la verosimilitud de lo que está sucediendo en el mundo. Las nuevas tecnologías de la comunicación, que han alcanzado niveles de sofisticación inimaginables, han dotado a la televisión de equipos de transmisión portátil, del tamaño de una maleta de equipaje, que puede transmitir gracias al satélite, desde cualquier lugar del planeta. El Fly-Away es uno de estos equipos portátiles que brinda la posibilidad a los noticieros de transmitir, en un tiempo real, o como se dice usualmente en vivo y en directo. Sabemos que la noticia televisiva en diferido no merece tanta atención o ninguna... es como leer un periódico de ayer. Es por eso que la televisión apuesta al ya de oro, al ahora, para seducir a sus audiencias con las imágenes más elocuentes e impactantes.

Un mundo de pantallas. Pantallas de cine. Pantallas de televisión. Pantallas electrónicas alineadas en las autopistas. Pantallas gigantes en los estadios. Pantallas en las grandes avenidas de la ciudad. Pantallas en los hospitales. Pantallas en los teléfonos móviles. Pantallas en los restaurantes... Pantallas en la intimidad de nuestra habitación... Un mundo de televisiones. TV abierta o broadcasting, TV Ultra Alta o UHF, TV de alta definición, TV digital por red, TV móvil, TV satelital, TV por suscripción, TV de tercera dimensión... En fin, pantallas y televisores para todos los gustos.

En los estadios deportivos se utilizan las pantallas gigantes para que el público pueda observar en repetidas ocasiones, en cámara lenta y desde diferentes puntos de vista las mejores jugadas de los equipos. La pantalla de los estadios nos indica cuando debemos aplaudir a favor de nuestro equipo o cuando nos toca abuchear al equipo visitante. La dimensión técnica de la televisión ha llegado hasta tal punto de que las pantallas de los estadios han innovado la manera de percibir el juego tanto de los espectadores, de los jugadores y de los árbitros. Las apreciaciones de las jugadas ya no se hacen al ojo por ciento. No en balde en el mundial de fútbol Corea-Japón muchas decisiones de los árbitros fueron reforzadas e influidas por las imágenes de las pantallas. Los comentaristas deportivos han afirmado que una de las debilidades del mundial fue precisamente el arbitraje. ¿Por qué lo afirman? Obviamente, porque lo vieron en la pantalla, desde todos los ángulos, gracias a las cámaras de televisión. Es más, no nos conformamos con ir al estadio y mirar *en vivo y en directo* los sucesos que acaecen en la arena deportiva. Necesitamos estímulos adicionales, que nos diferencie del espectador que está en la comodidad de su hogar. Es la ilusión de estar en todas partes, pero irónicamente situados en un sólo lugar, en el mejor sillón del estadio.

Sin pretenderlo, quizás, nos hemos convertido en un *individuo multimedia*, que se sirve de los medios masivos de comunicación tradicionales (prensa, cine, televisión y radio), y de la tecnología interactiva más avanzada para prolongar los sentidos a la manera de McLuhan, o para sentir que manipulamos todo a la vez, creer que tenemos el control de la simultaneidad gracias al uso de los medios y de las tecnologías. Queremos experimentar de manera instantánea la palabra escrita y hablada, la imagen en todas las escalas de plano y movimientos, la música en diferentes registros y también los efectos sonoros.

Es curioso que en las habitaciones de los hospitales y de las clínicas haya un televisor y un teléfono. Y si no se cuenta con estos medios, el enfermo o los familiares lo exigen al unísono como un requisito indispensable para permanecer en el lugar. Necesitamos extender nuestra vista y oído más allá de nuestro padecimiento o de nuestra propia soledad. ¿El enfermo necesita de la aspirina televisiva para atenuar su dolor? ¿Los parientes necesitan de la telenovela o de la comedia de la noche para sobrellevar la angustia en el hospital?

En los restaurantes también hay un televisor ubicado en el sitio menos indicado y a todo volumen para intervenir la charla de los comensales. A esto añadimos que la televisión y la música ambiental funcionan paralelamente en el mismo lugar, comulgando en una sordidez total. ¿Acaso la reunión entre amigos tiene que estar mediada por el aparato de televisión? ¿O el aparato de televisión es necesario para tener un pretexto de que conversar, porque no tenemos nada que decir? ¿O simplemente no queremos profundizar en nada?

Anhelamos verlo todo por pantalla. Deseamos tener una mirada ubicua, deslizándose aquí y allá, mas el resto de nuestros sentidos permanecen anclados en el muelle de nuestro hogar. Es el placer de ver, pero no dejarnos ver, de ver sin ser tocados, de ver sin ser afectados físicamente. Es el placer incluso de no ver al otro, pero a pesar de ello, imaginarlo a través de lo que escribe y cómo lo escribe, o de escucharlo sin saber quién es, pero escuchar porque su voz gratifica nuestros oídos, nos endulza la imaginación. Es el placer de sentirnos acompañados sin haber conocido nunca a nuestro interlocutor. O de tener la opción de verlo en la pantalla, y mantenerlo a distancia para evitar el compromiso de una genuina comunicación, cara a cara. Extraño no. Esto es lo que ocurrió con el surgimiento del teléfono y es lo que suele ocurrir con el uso de Internet.

Hemos llegado al paroxismo de la dimensión técnica de la televisión, que hasta se dice que una persona es *pantallera*, no porque se haya transmutado en una pantalla, sino porque se le asocia con aquel tipo de comportamiento histriónico de los actores de cine y de televisión. Se es *pantallero* cuando el individuo no duda en imitar la moda, la conducta y los gustos de su actor favorito, para extraer provecho de ello sin ningún tipo de escrúpulo ni impedimento moral.

Muchos quieren cortarse el cabello al estilo de Bruce Wills, para lucir con orgullo una calva reluciente, aun cuando no sufran de calvicie. Otros prefieren imitar la sonrisa esquizofrénica y la conducta poco convencional de Jack Nicholson, quien ha explotado sus muecas y su desparpajo hasta la saciedad, en casi todas sus películas. ¡Cómo olvidar el lunático de Atrapado sin salida, el escritor fracasado de El resplandor y el neurótico solitario de Mejor imposible! Por otra parte, las féminas prefieren mostrar sus caderas como la actriz y cantante latina Jennifer López, porque la industria del espectáculo ha promocionado la idea de que sus caderas son las más famosas de Hollywood. Otras prefieren el cuerpo anoréxico de Calista Flockhart la protagonista de la famosa serie televisiva de Ally McBeal.

Seguir el curso de la moda, ser parte de ella, no es nada condenable. Lo que sí resulta contraproducente para una sociedad democrática es la exposición exagerada de contenidos televisivos que conlleva a la imitación de acciones violentas y de conductas hostiles que atentan contra las costumbres sociales establecidas. Esto ocurre sobre todo en niños y adolescentes que carecen de la orientación de sus padres y/o representantes. La televisión puede actuar como un agente cooperante de la violencia del entorno. Violencia que puede ser familiar, de tipo político y/o económico, escolar o barrial. De manera que sería irracional considerarla como la causante de todos los males de la sociedad. Es una manera muy cómoda de no encarar otros problemas que, precisamente, se generan a partir de otras causas y no de la influencia sociocultural de los medios masivos.

La audiencia con escasos referentes culturales, que considera a la televisión como una ventana abierta al mundo, que se apoya en la televisión como única fuente de información y de entretenimiento, suscribe, de manera tácita, la premisa de que: se es verdaderamente importante si apareces en el cine o la televisión. Pareciera que la audiencia, algunas veces, no le acude la intención de considerar que el personaje que tanto idolatra en la televisión es precisamente una persona de carne y hueso, que padece, teme y que también muere. Quizás por placer, gratificación, identificación o proyección, inconscientemente le colocamos un velo a nuestra realidad, para experimentar con toda la fuerza de nuestros sentimientos el universo de la fantasía y de la ficción. A veces sucede que no queremos darnos cuenta de las cosas, aun sabiendo que nos hace daño o nos perturba nuestra mente.

La dimensión técnica de la televisión y de Internet ha alterado la noción de comunicación, aquella que refiere al intercambio del consaber, al intercambio cara a cara, persona a persona.

Hoy día, posiblemente, se puede hablar de (otra) comunicación. De una comunicación diferente que estamos experimentado con los avances de las tecnologías de punta que, sin lugar a dudas, prestan un servicio importantísimo a las industrias culturales y a la sociedad de la información y del conocimiento.

¿Cuáles son las nuevas sensibilidades que se gestan en la construcción del imaginario simbólico del ciudadano ante la presencia insoslayable de la televisión y de las tecnologías de punta? ¿Por qué ese afán de querer verlo y sentirlo todo de manera simultánea, de descodificar apresuradamente volúmenes de información, de establecer relaciones efímeras con el otro? En este caso ¿se puede hablar de nuevas sensibilidades? Entonces ¿cuáles fueron las viejas maneras de entender la comunicación y la relación amorosa, espiritual, fraternal, erótica y maternal? ¿Estamos en presencia de un nuevo hombre unidimensional al estilo de Marcuse? ¿O ante un *hombre multidimensional,* de visión fragmentada y calidoscópica, que está al margen de toda esperanza de llegar de compartir sus sentimientos genuinos con sus semejantes? ¿Somos *hombres multimedia,* ufanados con la tecnología, con la sociedad de la información, pero eso sí, manteniéndonos al margen del conocimiento intelectual y espiritual de nuestros semejantes? ¿Estamos más alejados de los otros y más cercanos e identificados con la dimensión técnica de la televisión? ¿Por qué queremos ser simultáneos y ubicuos, mas no sosegados y reflexivos?

Hoy más que nunca es imprescindible que reflexionemos sobre la cultura de lo escrito (logosfera) y sobre la avasallante presencia de la cultura de la imagen (iconosfera). Este tema lo ha planteado lúcidamente Joan Ferrés en sus últimos libros Televisión y Educación y Educar para una cultura del espectáculo. Sólo por citar un ejemplo, el autor afirma que: «la experiencia televisiva tiende a incrementar el sentido de la impaciencia. La letra impresa obliga a ejercitarse en la postergación del placer...sólo después de realizar las complejas operaciones de análisis lógico y gramatical se comprende el sentido, y sólo entonces puede producirse el placer. El goce del texto escrito proviene del significado, no del significante. Las imágenes en cambio, ofrecen una gratificación inmediata derivada del propio significante. Satisfacción instantánea, no retardada. A esto hay que añadir la hiperestimulación sensorial que incrementa aún más la gratificación instantánea. Y cuando la experiencia no es gratificante, cabe siempre la posibilidad de cambiar de canal».

Es razonable entonces que de nuestra experiencia como telespectadores debemos hacer evidente aquello que permanece aparentemente oculto en el mensaje televisivo. Que uno de los métodos de hacer evidente la forma de expresión y de contenido de la televisión, radica en enseñar a comprender que existe una visualidad electrónica de la televisión. Este término que ha sido acuñado por Guillermo Orozco en su libro Televisión, audiencia y educación nos indica que la relación entre la audiencia y la televisión se establece sobre la base de cuatro dimensiones que a saber son: técnica, lingüística, institucional y mediática. Estas dimensiones, a nuestro juicio, reafirman, una vez más, la idea de que la televisión es la madre o la reina de todas las pantallas.

La tecnicidad televisiva refleja todos aquellos mecanismos técnicos que hacen posible la simultaneidad de los acontecimientos, la verosimilitud de la imagen, la producción de efectos especiales, la versatilidad de las escalas de plano y de los encuadres, la edición fragmentada de imágenes y sonidos.

La dimensión lingüística se refiere al lenguaje audiovisual inherente a este medio que lo diferencia del lenguaje escrito y hablado. La televisión heredó del cine su materia prima o su sustancia de expresión: imagen, ruido, música, habla y las menciones escritas. Digamos entonces que la televisión combina varios lenguajes para poder expresarse. Y de esta combinación se origina de manera natural la otra dimensión que Orozco ha denominado mediática televisiva. Esta dimensión engloba los formatos y los géneros televisivos por todos conocidos.

Los géneros televisivos son modelos narrativos que seleccionan y delimitan los rasgos más significativos del mundo real. En líneas generales, cuando hablamos de género televisivo, nos estamos refiriendo al género temático. Así pues, los géneros más comunes en la pantalla chica son: policial, western, ciencia ficción, telenovelas, dibujos animados, humorísticos, espectáculos, noticiarios, deportes, etc.

La dimensión institucional de la televisión nos recuerda que la programación televisiva es un macrodiscurso heterogéneo en virtud de que combina un conjunto de géneros televisivos (seriales, deportes, informativos) y segmentos de continuidad (publicidad, propaganda, promociones); que la producción de contenidos de la televisión presenta una estructura isomórfica en todos los países del mundo, con el objeto de asegurar la inversión publicitaria a escala nacional e internacional; que los anuncios publicitarios conforman la matriz del discurso dominante, toda vez que se repite periódicamente en diferentes franjas horarias de la programación televisiva, que en definitiva, la publicidad representa el fragmento rey de las televisoras, en virtud de que los anuncios fraccionan los programas para ofertar bienes y servicios, atendiendo a criterios exclusivamente económicos de las transnacionales; que la meta es garantizar la máxima rentabilidad y beneficio a los anunciantes, los medios y agencias de publicidad. Y esto no es nada condenable, siempre y cuando el negocio de la televisión también le dé cabida a los espacios culturales, científicos y educativos que tanto requiere nuestra sociedad.

Algunos pudieran decir que el cine es el padre de todas las pantallas o que Internet lo es actualmente. Internet es un caso curioso. Nos provee de televisión digital a través mediante la red, a la vez que podemos escuchar música ambiental, *chatear* y enviar correos electrónicos, navegar de una página a otra, pero en muchos países Internet no envolverá al 10% de las familias, merced a que no tienen la capacidad económica de adquirir computadoras. La TV digital o WebTV es una realidad tecnológica, pero como bien lo afirma Orozco: «La tecnología, comparada con la televisión abierta, todavía conlleva serias dificultades de soporte, transferencia y resolución. Así, el entusiasmo inicial con este tipo de televisión y su usufructo masivo se ha desvanecido para tiempos «más modernos», sin que ello signifique que en aquellos países y regiones donde existe una buena infraestructura telefónica no sea posible usufructuarla.

Por otra parte, la televisión le ha robado espacio al cine hasta el punto de que muchas de las películas que se ven en el cine, se difunden por televisión. La TV por cable o suscripción disponen de canales dedicados al cine, sea de autor o de género. Es más, los clubes de videos alquilan todo tipo de películas, que inclusive no se han presentado en el cine. Sobre este último aspecto, la videocasetera presta una asistencia técnica especial a la televisión, para crear la sensación de que el espectador está viendo una película en la sala de cine, pero desde la comodidad de su hogar, sin interrupciones publicitarias.

Los cinéfilos podrían opinar lo contrario,

aludiendo que la fotografía en cine y el mismo formato y soporte tecnológico no ha sido superada por la televisión. Pero debemos reconocer que aun cuando es cierto que la fotografía en el cine genera placer visual y esté tico, la gente no tiende a reparar en este detalle técnico ni en otros elementos del cine, como, por ejemplo, si la película pertenece a algún movimiento cinematográfico (formalismo ruso, expresionismo alemán, nueva ola francesa, neorrealismo italiano, etc.) o si la película se tipifica dentro del cine de autor. Todo esto posiblemente se deba, entre otras causas, a la ausencia de una cultura cinematográfica. ¿Qué pasaría si en las escuelas se enseñara a ver el cine en su justa dimensión técnica, lingüística, mediática e institucional? Aunque le duela a los cinéfilos y allí me incluyo yo, la gente, por lo general, tiende a preferir la seguridad y comodidad del hogar para ver cine por televisión.

No hay que olvidar que tanto el cine comercial como los géneros televisivos, contiene una estructura narrativa estandarizada, que ha sido probada comercialmente y que se basa en la clásica estructura teatral griega: introducción, desarrollo, nudo y desenlace. Asimismo, el cine y la televisión comercial construye los personajes y las situaciones dramáticas dentro de un sentido estereotipado, banal, simplificado, que dista de la complejidad psíquica y de la realidad cotidiana del ser humano. Estos factores hacen que la TV se reafirme como la madre de todas las pantallas, toda vez exige un mínimo de esfuerzo mental para comprender la ficción televisiva.

En la televisión abierta es atípico observar películas de cine con una estructura narrativa compleja, que salte del presente al pasado o del presente al futuro. Mientras más lineal sea la historia es más favorable para la presencia epiléptica de la publicidad en la programación televisiva. Esto lo sabe muy bien la industria publicitaria. Sabe que no se le puede mostrar historias complejas al televidente porque éste es proclive a hacer zapping o cambiar de canal. Y, de hecho, el llamado zapping representa un riesgo económico para la institucionalidad televisiva, para las agencias publicitarias y para los anunciantes o dueños de los productos.

Hoy más que nunca es imprescindible *agarrar a la televisión por sus antenas* (Orozco), con la finalidad de *educar para una cultura del espectáculo*, (Ferrés), a través de metodologías que *enseñen a pensar* en forma analítica y creativa la televisión.

Culmina mi historia sobre mi experiencia televisiva y espero que sea el comienzo de sus propios relatos sobre TV-Internet, TV-Yo-Tube y las TV que se están inventado reinventado al momento que escribo estas líneas.

Somos Pantallas

Capítulo 4

El triángulo de las Bermudas: zapping, mitos y emociones

Gustavo Hernández Díaz

La televisión nos afecta emocionalmente pero también nosotros afectamos a los demás con lo que vemos en este medio. Comentamos más de lo que dice el mensaje. Exageramos y también creamos estereotipos no previstos por el mismo mensaje.

También este medio sirve para entretenernos, para informarnos o para encontrar contenidos que cultiven el intelecto o el espíritu. La tele es muy útil para olvidarnos de los problemas, para "fugarnos de nosotros mismos" cuando deseamos identificarnos y proyectarnos con los personajes de moda, porque sus valores y creencias nos parecen extraordinarios, sus cualidades físicas y sus poderes sobrenaturales nos pertenecen en términos imaginarios y simbólicos, en tanto seamos capaces de dejarnos llevar por la fantasía y a sabiendas de que, cada cierto tiempo, este mundo audiovisual de ilusiones será interrumpido por la publicidad, por las propagandas, por los segmentos autopromocionales de los canales, por una súbita emisión noticiosa o por una alocución presidencial.

En cierto sentido, los espectadores han establecido una suerte de contrato comunicacional con aquellos mensajes que interrumpen sus programas favoritos. Es una pausa que se aprovecha para merendar, hacer una llamada o para simplemente hacer "zapping" o cambio de canal con nuestro control remoto. Por cierto, tarde o temprano, el dedo pulgar y la mente humana merecerían un estudio antropológico-comunicacional serio por ser los que llevan el timón en la interacción con medios, redes sociales y dispositivos móviles.

Joan Ferrés afirma que si el relato televisivo fascina y gratifica es, en buena medida, porque el espectador tiene la oportunidad de vivir el conflicto narrativo como una prolongación metafórica de sus propios conflictos internos. Este autor agrega que la audiencia de la televisión: "Vive las situaciones de amenaza como expresión de lo que para su inconsciente representa en estos momentos una amenaza, y los deseos como manifestación o representación metafórica de sus propios deseos". (2000, p.97).

De modo que el conflicto inherente a todo relato activa los procesos psíquicos de identificación y de proyección que residen en el inconsciente del espectador. ¿

La identificación se produce cuando el espectador está de acuerdo total o parcialmente con los rasgos físicos, morales y psicológicos del personaje, y esto se debe a que lo considera reflejo de su propia existencia, de sus sueños y de sus esperanzas.

Y la proyección se origina cuando el espectador transfiere sus sentimientos de amor, odio, compasión, deseo sexual sobre los personajes del relato.

A propósito de estos mecanismos psicológicos, en ocasiones nos identificamos con historias que presentan contenidos que se distancian de las convenciones morales y muchas veces transferimos nuestro rechazo hacia un personaje o una situación dramática porque consideramos que lesionan nuestra moral y nuestra manera de convivir en la sociedad.

Una de las funciones de la educación televisiva consistiría en analizar el porqué de nuestra identificación y proyección con respecto a los programas televisivos. Este es un trabajo que obviamente está en ciernes y que valdría la pena abordarlo tarde o temprano con fines morales y psicopedagógicos.

Ferrés elabora una interesante metáfora para explicar que el docente es un *puente* entre la cotidianidad escolar y el entorno psicosocial del educando. La extensa cita que viene a continuación sintetiza, de algún modo, la filosofía educativa de este autor:

"Un buen educador, como un buen puente, ha de tener tres componentes: dos pilares y un arco. Uno de los pilares ha de estar fuertemente ancorado (...) en la orilla de los contenidos que se pretenden transmitir. Si no se posee el suficiente dominio de los contenidos conceptuales, procedimentales o actitudinales, y si no se está suficientemente apasionado por ellos, es imposible que se puedan transmitir de manera eficaz. El otro pilar ha de estar fuertemente ancorado en la otra orilla, en los receptores, en las personas a las que han de transmitirse los contenidos. Es el pilar de la sintonía. Sin un profundo conocimiento de estas personas, de sus capacidades y limitaciones, de su nivel de desarrollo mental, de su sensibilidad, de sus preocupaciones, intereses y deseos, no se podrá conectar con ellas. El tercer componente del puente es el arco, que ha de unir de manera flexible los dos pilares. Siguiendo con la aplicación de la analogía, el arco del puente equivale a la capacidad de comunicar adecuadamente los conocimientos o procedimientos, de transmitir eficazmente las actitudes y valores, de hacerlos llegar a los receptores de manera fluida, comprensiva y suficientemente estimulante. Es el componente de la comunicación, de la pedagogía, de la capacidad didáctica." (2000, págs,151-152)

Ferrés como "buen ingeniero" de la pedagogía de la televisión, ha tendido sus puentes entre: a) el cerebro pensante y el cerebro emotivo; b) el hemisferio izquierdo y el derecho; c) el aula y la vida cotidiana; y d) el pensamiento lateral y el pensamiento abstracto. Veamos cada uno de estos puentes por separado:

A.- El cerebro pensante y el cerebro emotivo. La teoría de la *Inteligencia Emocional* de Daniel Goleman le es de suma utilidad a Ferrés para tender su primer puente (o para explicar la relación) entre el cerebro pensante y el cerebro emotivo. El principio central de esta teoría radica en que debemos educar las emociones. Pero esta idea, aunque parezca novedosa no lo es en realidad, ya que los filósofos desde hace siglos habían pensado sobre la importancia de las emociones, del deseo y del placer en la educación.

B.- El hemisferio izquierdo y el derecho. El segundo puente que construye Ferrés es entre *el hemisferio izquierdo y el derecho*. Basándose en las investigaciones de los científicos S.P. Springer y G.

Deutsch, pioneros en el estudio del tema, este autor español reflexiona sobre las potencialidades educativas de estos dos hemisferios por cuanto el sistema educativo no los ha percibido de manera integral o global. Durante generaciones, la cultura académica ha desarrollado primordialmente el hemisferio izquierdo que orienta el funcionamiento verbal, analítico, lógico y secuencial del cerebro, mientras que el hemisferio derecho que determina las operaciones mentales de carácter icónico, figurativo, cinestésico, sintético y holístico ha sido escasamente fomentado en el aula de clase. Paradójicamente, la cultura audiovisual ha estimulado el hemisferio derecho, cosa que no ha podido realizar a cabalidad la escuela. Se aprende, de manera intuitiva e informal, algunos elementos semióticos e ideológicos sobresalientes que aportan la forma de expresión y de contenido del relato televisivo. Nos atrae la semejanza entre la realidad y la representación audiovisual, las imágenes en movimiento, la hiperestimulación sensorial, la instantaneidad, la simultaneidad y la ubicuidad tanto espacial como temporal, la apariencia física de los personajes y el montaje trepidante de las imágenes y de los sonidos. Nos atrae la imagen porque nos exige un mínimo esfuerzo para su descodificación y comprensión. En cambio, el lenguaje verbal, el lenguaje lógico-matemático y la información teórico-conceptual demanda mayor atención y concentración. Requiere de complejas operaciones analíticas y racionales antes de formar parte del acervo mental. Ferrés concluye que es imprescindible educar el hemisferio derecho, es decir, el hemisferio de las imágenes, de la fantasía, de las emociones para fomentar el aprendizaje de aquellos contenidos, informativos y ficcionales provenientes de la televisión. Esto tendría que hacerse sin minimizar la importancia del hemisferio izquierdo. Por otra parte, la capacidad de estudiar los relatos televisivos puede contribuir también al aprendizaje verbal y el matemático en la escuela.

C.- El aula y la vida cotidiana. En la *ingeniería* pedagógica de Ferrés existe un tercer puente que une la vida cotidiana del educando con su entorno escolar. Para este investigador español es lamentable que la televisión sea a menudo un mundo hipersaturado de emociones sin que tenga cabida la reflexión y que de igual forma el ámbito escolar sea con demasiada frecuencia un espacio que privilegia la razón sobre la emoción. Es por esto que es enfático cuando asevera que la civilización democrática se salvará utilizando el relato audiovisual de manera inteligente, lo cual implica que nuestra civilización (2000, p. 166):

No se salvará eliminando las emociones, sino impidiendo que sean una invitación a la hipnosis y convirtiéndolas en una provocación para la reflexión crítica. No se salvará, en definitiva convirtiendo la escuela y la cultura oficial en feudos aislados (...) sino tendiendo puentes entre ellos.

En tal sentido, hay que evitar que se siga perpetuando la idea de que el relato televisivo es para sólo emocionarse y no pensar y confrontar valores y contravalores, y que la escuela es sólo para reflexionar y que resulta contraproducente para el discurso académico aprender conceptos y metodologías divirtiéndonos, emocionándonos y dejando escapar nuestras fantasías.

D.- El pensamiento lateral y el pensamiento abstracto. El cuarto puente que construye Ferrés es el que va del *pensamiento lateral-creativo* al *pensamiento abstracto*. Para levantar este puente, este autor ha tomado en cuenta muy especialmente la teoría del aprendizaje lateral de Edward De Bono (1970). Esta teoría plantea que el pensamiento constructivo y creativo que ha sido infrautilizado en la educación formal y no formal. La cultura occidental le ha dado mayor importancia al pensamiento tradicional, al razonamiento crítico, a la argumentación inductiva y/o deductiva, al análisis y la lógica. La teoría del aprendizaje de

Goleman, Springer y Deutsch y de De Bono es de suma utilidad en el modelo pedagógico de Ferrés porque allanan el camino para tender puentes entre el pensamiento emocional y el pensamiento racional. Este autor subraya la premisa de que es posible aprender a pensar creativamente, sin ponerle limitaciones a la mente, y que luego es necesario reflexionar sobre lo que se ha pensado para evaluar cómo y por qué hemos construido las ideas de una manera determinada y no de otra. Este distanciamiento es saludable en tanto permite incorporar nuevas alternativas que den solución a aquellos acertijos que se presentan en los modelos de conocimiento.

Educar en una sociedad que lo convierte todo en espectáculo, implica tomar distancia con respecto a nuestras emociones a fin de encontrar lucidez en la comprensión de uno mismo. Esa lucidez se logra alcanzar cuando somos capaces de profundizar y de examinar nuestras convicciones morales y psicológicas, por muy aceptadas o erróneas que sean.

Educar en una civilización del espectáculo donde las imágenes han pasado a ser más importantes que las ideas, también nos lleva a analizar los mitos (o falsas creencias) que giran en torno a la libertad, la racionalidad, la conciencia, la percepción objetiva y la audiencia pasiva.

El mito de la libertad humana se afianza en la premisa de que el hombre tiene la posibilidad física de hacer lo que se le antoje, siempre y cuando no cause daño a sus semejantes. Este concepto elemental de la libertad no repara en el hecho de que las personas se engañan al creerse libres sólo porque no existen impedimentos externos para la ejecución de sus más íntimos deseos. La libertad no se define sólo por la ausencia de coacción física, sino que se complementa cuando el hombre es capaz de adoptar y defender racionalmente sus creencias y comportamientos de manera autónoma, independiente. De acuerdo con este concepto, Ferrés afirma que:

No puede hablarse de libertad cuando se le permite a uno hacer lo que desea, pero se le lleva a desear lo que interesa que desee. En esto consiste, en buena medida, la coacción psicológica que ejerce la televisión: en incidir sobre la voluntad mediante la modificación o la canalización interesada de las emociones, de los sentimientos, de los deseos, de los temores. (p.18)

La libertad se evapora si nos dejamos gobernar por nuestros deseos. No es libre el hombre que dominado por su conducta primaria, irracional y emocionalmente impulsiva confunde libertad con libertinaje, forma abusiva de actuar en la vida transgrediendo los derechos y las convicciones morales de las personas.

La libertad humana no puede restringirse a la llamada libertad de espontaneidad o de libertad física, que muchas veces se consolida a través del pensamiento primario o asociativo. Ésta debe ir acompañada de la libertad interna, de la libertad de elección, de la libertad de principios morales y espirituales, de la libertad fundada en la razón o en el pensamiento secundario, que renuncia al narcisismo y que considera que el mal, la codicia, el odio y los engaños obliteran todo tipo de desarrollo moral e intelectual.

La educación debe fomentar la libertad de pensamiento. De acuerdo con Ferrés, la misma etimología del verbo educar, *E-ducere*, alberga varios significados que aluden a la libertad de expresión. De modo que, *E-ducere* es sacar hacia fuera, expresar abiertamente lo que uno piensa, extraer lo que subyace de manera potencial en la memoria y en el inconsciente. *E-ducere* es incentivar el desarrollo del pensamiento secundario o racional, tomando como punto de partida las emociones, los sentimientos, las ideas que antes permanecían latentes en nuestra mente.

Otro de los mitos que propaga la industria del espectáculo televisivo es el de la racionalidad humana. Aun cuando el hombre tiene la capacidad de razonar sobre su mundo interno y externo, con bastante frecuencia lo hace movido por impulsos inconscientes. Estos impulsos emocionales plantean: ¿Por qué preferimos un programa de televisión y no otro? ¿Por qué nos seduce un *spot* publicitario? ¿Por qué algunos programas televisivos nos producen gratificaciones emocionales y otros nos provocan una reacción negativa instantánea?

Para Ferrés es necesario establecer la diferencia entre razón y racionalización. Razonar implica ser capaces de ponderar nuestros pensamientos, sentimientos y emociones. Es examinar los valores que inciden en nuestra manera de percibir el mundo y de conducirnos ante él. Razonar es encarar las consecuencias de nuestros actos, lo cual significa asumir y admitir responsablemente nuestros desaciertos cuando así la realidad lo demande.

En cambio, racionalizar las emociones no es otra cosa que justificar ideas irracionales, basadas en pensamientos primarios, elementales y mágicos. Racionalizamos para ocultar o encubrir las verdaderas razones de nuestros actos, angustias y frustraciones. Racionalizamos para defender lo indefendible. En esta situación el psiquismo humano irracional se vale de sus impulsos emocionales (ira, odio, resentimiento, cólera) para exigirle a la razón que se doblegue y que se ponga a su servicio.

Existen elocuentes evidencias que demuestran lo capaces que somos de justificar nuestro principio del placer o nuestras ideas irracionales, mediante la racionalización de nuestras conductas. En los Estados Unidos se ha comprobado que los miembros de los jurados en los juicios creen actuar bajo el rigor de la razón y de la lógica, pero muchas veces están sometidos a las influencias emotivas de las cuales no son conscientes. Muchas de las decisiones están gobernadas por las emociones más de lo que se puede uno imaginar. La condición social, el sexo, el atractivo físico e inclusive la raza del acusado suelen determinar la dureza de las sentencias. En ese país: "Los hombres tienen cinco veces más posibilidades de ser declarados culpables del asesinato de su pareja que las mujeres. En robos de cuantía las mujeres tienden a recibir sentencias significativamente menores que los hombres". (Ferrés, 1996, p. 22)

Este ejemplo constata que la razón es susceptible de la influencia de las emociones. Los impulsos emocionales sabotean en muchas ocasiones las decisiones humanas por cuanto recurren a argumentos racionalizados (mas no razonados) que operan como mecanismos de defensa, ya sea para alimentar el autoengaño o por temor a no quedar desplazado o aislado por el grupo social que, de manera inconsciente, defiende a ultranza la aparente coherencia de sus argumentaciones y de sus comportamientos. Digámoslo de esta forma: a través de la racionalización la persona esgrime una serie de falsas razones que siempre encubren los genuinos motivos de su actuación o de su forma de pensar.

79

Capítulo 5

Salud, belleza e higiene: lo que dicen las empresas

Humberto Jaimes Quero

Examinar la comunicación, por supuesto, no puede desvincularse de la sociedad y su cultura, la cual es producida y reproducida en el espectro mediático, en formatos que han gozado de gran prestigio como el certamen Miss Venezuela, que en la praxis funcionó como un influyente "modelo de comportamiento social". El discurso de este certamen ha dicho durante más de medio siglo, que las perspectivas de triunfo se centran en aquellas chicas que reúnen ciertos rasgos fisonómicos, los cuales están vinculados con la estética reforzada por la industria publicitaria, las agencias de modelaje, las grandes firmas de cosméticos y otros actores. ¿Quiénes pueden ser las ganadoras? Las mismas mujeres que pueden ser imagen y representación de grandes marcas. Y viceversa. La retroalimentación es evidente.

Tal retroalimentación tiene resultados concretos: por un lado, genera princesas que constituyen iconos referenciales para la sociedad, y por el otro, nos dice que existen ciertos estándares de belleza que conforman no sólo el "deber ser", sino el filtro que determina todo lo que debe ser desechado. Estos estándares, por lo tanto, también funcionan como referentes que impactan el comportamiento social, el imaginario de las personas, incluso influyen en la autoestima, el ego y la salud emocional de aquellas mujeres que se sienten menospreciadas y obligadas a luchar por alcanzar tales estándares. Una producción colombiana de hace algunos años, resume bien esta premisa: "Sin tetas no hay paraíso".

Las normas que rigen el funcionamiento de este microcosmos pueden llegar a ser muy sólidas, difíciles de vencer. Imaginemos, por ejemplo, que una de las mujeres obesas inventadas por el pintor colombiano, Fernando Botero, aspirara el máximo cetro de la belleza en el país andino. Una proposición de este calibre no sería aceptada porque produciría "ruido" tanto en sus códigos culturales, como en la dimensión económica y financiera; los anunciantes y no pocas marcas pondrían el grito en el cielo, retirarían su apoyo financiero y publicitario. El propio público o una gran parte de este protestaría. En fin, la interacción entre las partes dejaría de funcionar. Empero, muchos ignoran que, unos siglos atrás, las mujeres rollizas sedujeron a cortesanos y nobles, porque eran consideradas bellas. Obviamente, los patrones que guiaban el comportamiento humano y los criterios de belleza femenina eran otros.

La sociedad necesita sus princesas, su "Diosa que ha bajado del Olimpo", como define Osmel Sousa a las reinas. Estas deidades, por supuesto, exhiben requisitos básicos en cuanto a tono y color de la piel, estatura, tipo de cabello, delgadez, histrionismo, dicción y otros parámetros. Pero, sin duda, responden a ciertos rasgos físicos muy bien valorados, tendencia que también se observa en otros formatos mediáticos como los noticieros, las telenovelas y un largo etcétera.

Esta normativa no escrita, esta especie de *código invisible* que rige en la producción, no siempre se impone de manera absoluta, es vulnerable, permite excepciones a la regla que dependen de diversos factores: el contenido, el formato, los objetivos, el público al cual va dirigida, los patrocinantes, entre otros. La cadena *BBC,* por ejemplo, tiene noticieros y programas unitarios y seriados dirigidos a públicos de África, Asia, América Latina y Europa. Esto la obliga a apoyarse en profesionales que representan cada región del planeta, que personifican realidades étnicas, lingüísticas y culturales específicas, pues al hacerlo se teje una mayor empatía entre el público y el producto, entre el espectador y el medio. No es extraño que un noticiero dirigido a África, tenga de ancla a un periodista de origen africano, de tez oscura. Tal práctica permite a la cadena proyectarse como una organización o una marca que representa cada región del planeta. Sin embargo, BBC también suele incorporar profesionales tradicionalmente considerados caucásicos, en emisiones dirigidas a Asia o la misma África, con lo que refuerza un mensaje muy claro: apoyo a la diversidad, política de inclusión.

Al igual que CNN Internacional, la cadena inglesa no tiene como norma que moderadoras y anclas de sus noticieros y programas sean reinas de belleza. No, las prioridades son otras: profesionales con un buen nivel de formación, que es la diferencia sustancial con respecto a Venezuela, Colombia, México y otros países de América Latina. De este modo, el variado público de BBC, se ha acostumbrado a ver la diversidad humana como algo natural, que los estándares de belleza pasan a un plano secundario frente al talento, y que un programa informativo no es un certamen de princesas ni un salón de SPA.

Los estándares de belleza son inherentes a la condición humana. La civilización siempre mostró preocupación por la búsqueda y representación de la belleza. El detalle está en si esa preocupación puede transformarse en una obsesión que interfiere en las relaciones entre las personas, en los valores de una sociedad, al punto de generar consecuencias no deseadas para la colectividad. Se ha dicho que, en las últimas décadas del siglo XX, la búsqueda de la belleza ya era una obsesión multitudinaria: modificar el cuerpo mediante tratamientos estéticos y cirugías pasó a ser una necesidad en mujeres que deseaban triunfar en las pasarelas, los certámenes y la pantalla chica, a cualquier precio. Hubo voces que, en un principio se opusieron, caso de Bárbara Palacios, ganadora del Miss Venezuela y Miss Mundo, en 1986. Cuando era joven y se incorporó a estas lides, no deseaba un remozamiento corporal o facial, incluso este tipo de concurso no merecían su mejor opinión: "…estaba un poco en desacuerdo con los certámenes de belleza, he considerado siempre que el prototipo físico es algo meramente subjetivo"; "…estoy en contra de que una joven de 18 o 20 años tenga que pagar ese costo para ser admirada". De hecho, a Palacios le pidieron que tiñera su cabello, pero rechazó la solicitud pues "…nunca estuve de acuerdo en cambiar mi físico" (Ávila, 2006). Su opinión quizás constituye una excepción en la época, momento en el que ya los tratamientos estéticos y las cirugías eran casi un requisito ineludible para las futuras reinas. Hoy día, difícilmente encontraremos princesas que no han acudido al quirófano o un procedimiento de este tipo, por convicción propia o por imposiciones del sistema.

La discusión sobre el tema de la belleza, su representación, cómo lograrla y cómo impacta en la sociedad, nos lleva necesariamente a una pregunta. ¿Acaso es algo contraproducente? Difícilmente podamos condenar esta vieja inquietud del *Homo sapiens*. No obstante, la belleza, al igual que otros paradigmas perseguidos por el ser humano como el confort, el placer y la identidad, pueden desencadenar efectos colaterales no deseados, de los que no siempre se tiene conciencia: al privilegiar ciertos rasgos físicos, necesariamente son descartados o menospreciados otros rasgos; al construir una imagen corporal mediante procedimientos técnicos, asumimos que había inconformidad con la imagen y el cuerpo natural. En una dimensión colectiva, este comportamiento podría sugerir que más allá de ser un capricho individual, la búsqueda de la belleza en algunos casos oculta un problema de autoestima colectiva, lo que la antropología define como complejo étnico y "endorracismo". Otros pensarán que es todo lo contrario: un deseo de atarse al progreso, de mejorar.

Los títulos alcanzados por las jóvenes que concursaron en el Miss Venezuela, bajo la égida de Osmel Sousa, despertaron la euforia de amplias capas de la población y la industria de la comunicación local, aunque también se hicieron merecedores de críticas agudas motivadas por varias razones: este tipo de concursos exaltaba la cosificación de la mujer y la belleza física, por encima de otros atributos humanos; convertía a las chicas en objeto sexual; promocionaba una belleza "artificial"; y una identidad "falsa" construida a partir del quirófano y otras modalidades. Respecto a la belleza física como tal, el *Zar* Osmel Sousa tuvo una respuesta concreta: "Me parecen banales y muy poco inteligentes. ¿Por qué ese ensañamiento contra la belleza física? Solamente alguien muy resentido con el mundo puede hacerlo". (Ibid.)

La belleza femenina es un patrón importante en el sistema comunicacional, pues una parte sustancial de la publicidad, las finanzas y la economía de este engranaje se mueve partiendo de ese precepto, el cual está asociado al consumo en sectores específicos del mercado como son salud, belleza y hogar. Las empresas que se incorporan a este mercado, a través de la venta de productos y servicios, que proyectan sus marcas, siempre han buscado amoldarse a estos patrones para poder incursionar con éxito, y solo en circunstancias muy específicas pueden salirse de la norma. Este criterio ha funcionado tanto en Venezuela como en otros países de América Latina. De allí que, en sus estrategias de publicidad, en su oferta de productos y servicios, las empresas casi siempre se apoyen en princesas y damiselas con característica especiales. No olvidemos que la belleza, además, está asociada a valores como "éxito", "buen prestigio", "bienestar", "superioridad" y "buena salud", mientras que la fealdad es vinculada con "fracaso", "desprestigio", "malestar", "inferioridad", y "enfermedad". El antiguo lema se sigue cumpliendo: "Lo bello es bueno".

La belleza en los medios

Las preferencias del público no pueden evadir su deuda con el paisaje comunicacional, donde entran las viejas y las nuevas tecnologías. Es verdad que siempre hay un toque de individualismo, eso que denominamos "libre albedrío", y es verdad que dentro del público puede haber cierta independencia de criterio, así como un cuestionamiento al discurso de los medios, pero de una u otra forma el sistema suele incidir en tales preferencias, en los referentes y modelos de comportamiento considerados idóneos por el público.

La obsesión por la belleza en Venezuela, por ejemplo, le debe mucho a un viejo medio como la televisión abierta, a la transmisión en vivo de los concursos de reinas y princesas, evento que a finales del siglo pasado fue todo un suceso nacional. Tales certámenes se convirtieron en una de los principales referentes en la producción y reproducción del concepto mediático de belleza femenina, al igual que las telenovelas. Las revistas de salud, farándula, espectáculos, moda y otros tópicos se incorporaron a esta exaltación de la belleza, al igual que la publicidad y el marketing, para poder acoplarse a los estándares dominantes.

No debe extrañarnos, pues, que una porción del público comenzara a informarse acerca de las maravillas a la carta: mamoplastia de aumento, liposucción, rinoplastia, rejuvenecimiento facial y dermolipectomía. Quien deseaba renovar su cuerpo, tenía un abanico de opciones a la mano. Esta tendencia no fue exclusiva de Venezuela, se vio en Brasil, Colombia, Argentina y otros países. La modificación del cuerpo natural, a través de procedimientos quirúrgicos y tratamientos, se convirtió en una necesidad de muchas y muchos, aunque no todas ni todos podían darse ese lujo; la promoción de esta necesidad también contó con el aval de los centros médicos, centros de estética y otras organizaciones privadas que añadieron sus propias condimentas al fogón. El tema, pues, poco a poco comenzó a arraigarse en la sociedad, se naturalizó como parte de la existencia humana y las creencias.

Para finales del siglo XX, el certamen Miss Venezuela era un evento muy destacado, generaba enormes expectativas en la sociedad. Como acontecimiento no hay duda de que atraía la atención de un buen tajo de la opinión pública, era un "suceso nacional". Su secreto estaba, según Pablo Antillano, en que era un espectáculo pensado para televisión, que rendía culto al lugar común y sustituía la forma por la fórmula:

"La fórmula, muchas veces ensayada y experimentada, tiene absoluto control sobre la producción: levanta las finanzas, establece los patrones de belleza, combate los gramos de grasa excesiva y corrige las narices, prevé los accidentes de los tacones largos, viste a las muchachas con tópicos locales, las canta y las baila, las presenta a la prensa…Este es el escenario controlado, es la pre-edición, es el mundo de la ficción" (Antillano, 1995, p. 45).

Al ser un espectáculo pensado para el gran público, y no para círculos de intelectuales o críticos de la "sociedad de masas", tenía que recurrir a conceptos de fácil comprensión para las mayorías, tenía que apoyarse en significados y emociones de gran sencillez y alto impacto, fórmulas fáciles de digerir y aceptar. La imagen de una reina no puede ser algo abstracto, una entelequia, arte dadaísta, debe ser concreta, transparente, inteligible y agradable. Y esta imagen es igual para todos los medios, cumple con unos requisitos estandarizados en todo el paisaje comunicacional, se basa en la fórmula, en unos rasgos físicos predeterminados.

Por otra parte, la industria de la comunicación no puede sostener una imagen de belleza femenina para las revistas de moda, que sea radicalmente diferente a la que se premia en la pantalla. Debe haber cierta coherencia. Esta imagen también debe estar presente en las comunicaciones de empresas, fundaciones y otras organizaciones que, en sus campañas publicitarias e institucionales, se hacen sentir en el mercado de productos de salud, entretenimiento y estética corporal, así como en otros tópicos. Así funciona el sistema. Una empresa que pretende posicionar un producto o una marca en el mercado femenino, siempre recurrirá a una imagen estandarizada, porque hacer algo distinto podría generar ruido en su comunicación y, por ende, podría afectar sus objetivos.

¿Por qué investigar la imagen femenina?

El tratamiento de la imagen femenina en los medios de comunicación y las redes sociales, es un tema recurrente en la investigación académica, en países como Argentina, Colombia, España y Brasil. Se hace, entre otras razones, con la finalidad de desmenuzar qué se dice acerca de la mujer a través de fotografías, ilustraciones y videos; cómo es representada, por qué, cómo inciden estas prácticas en la sociedad, y en qué medida estas representaciones reproducen o no los valores de la sociedad.

La organización Medianálisis demostró que, en distintas cuentas en Twitter administradas por medios noticiosos, la mujer tenía una alta presencia en informaciones sobre salud y belleza, caso contrario de áreas como política, economía y temas empresariales, donde era poca visible. (Medianálisis, 2016). Esto evidenció, una vez más, que la presencia de las damiselas en los medios, en parte era más favorecida por temáticas asociadas a la imagen de belleza femenina, y menos favorecida por tópicos vinculados con ciertas áreas profesionales.

A menudo, los medios de comunicación dan un tratamiento a la imagen de la mujer que viene precedido por prejuicios étnicos y raciales, a partir de los cuales se decide incluir o excluir talentos femeninos que se desempeñarán como actrices, reinas de belleza y anclas de televisión. Un criterio similar puede existir cuando una empresa decide usar un tipo de imagen femenina particular para proyectar su marca, sus productos, sus servicios, incluso para administrar su reputación y prestigio. Tales prácticas están relacionadas con los valores de la sociedad, y pueden ser el reflejo de formas de discriminación hacia determinados grupos sociales o sectores de la población. Un experto en esta materia como Van Dijk, sostiene que los discursos de los medios de comunicación pueden reproducir los prejuicios y estereotipos de una sociedad, así como la "ideología dominante" (Van Dijk, 2003). Con las empresas del ramo de cosméticos, modas, higiene y espectáculos, puede ocurrir algo similar, al igual que con las redes sociales y la telaraña de hipermediaciones.

El tratamiento de la imagen de la mujer en los medios de comunicación y las redes sociales, puede ser examinado desde diferentes perspectivas. Es un tema que, por supuesto, con frecuencia despierta polémicas, pues implica el examen de representaciones que pueden incidir en las percepciones del público. García Calderón sostiene que "la construcción de las representaciones femeninas, su reproducción a través de los medios opera como el espejo a través del cual nos vemos las mujeres, las representaciones y las imágenes de uno mismo, que construimos en el discurso social y en el de los medios y donde nos vemos reflejadas y deformadas" (García Calderón, 2007, p. 38.).

El planteamiento de García Calderón nos lleva a pensar en las viejas polémicas suscitadas en torno al rol de los medios de comunicación como agentes que "deforman la realidad", que distorsionan lo que es la mujer, al construir una representación o imagen que, desde luego, difiere de la persona real, de carne y hueso, que lleva una vida a veces muy dura, llena de retos y situaciones distantes de las banalidades. Recordemos, también, que las "representaciones mediáticas" pueden convertirse en creencias integradas al imaginario colectivo (Raiter, 2001) y al sistema de valores de la sociedad.

El imaginario de una sociedad puede ensalzar la creencia de que la colectividad a la que se pertenece, es una cuna de "reinas de belleza", las cuales superan abiertamente a sus homólogas de otras sociedades. Esto es caso un caso típico de etnocentrismo. Obviamente, esta creencia es un mito construido desde el espectáculo mediático, cuyo propósito es enaltecer el ego y la autoestima de un país con pocas realizaciones importantes, y sumergido en una profunda crisis.

En el paisaje comunicacional, la imagen de la mujer varía en función de los temas en los que aparece, los roles que desempeña y el enfoque dado a la materia. Desde luego, no es lo mismo la representación de una ama de casa de los altos estratos sociales, que la de una mujer pobre. Tampoco es igual la representación de una mujer profesional que la de una estrella del espectáculo. En cada caso, es usual la apelación a estereotipos que facilitan la comunicación con el público.

Las representaciones mediáticas de la mujer pueden variar. Están las célebres *top-models*, convertidas en el ideal de belleza a seguir e imitar por el público. Sin embargo, es un modelo que ha generado controversiales casos de anorexia, así como el creciente síndrome de dismorfofobia, es decir, la inconformidad de la "mujer real" con la imagen mediática de la referida *top-model* (Salas, 2013). Consecuencias similares ya había desencadenado la Barbie, un producto de consumo masivo que llegó a ser importante como símbolo. Esta chica inspiró centenares de cirugías en mujeres que deseaban obtener una figura similar a la que mostraba la célebre muñeca (Salas, 2013), lo curioso es que, desde el punto de vista antropológico, las medidas físicas de este icono no eran viables en la existencia terrenal, es decir, una mujer con esa cintura tan escueta difícilmente podría mantenerse de pie y caminar.

Con las nuevas aplicaciones para teléfonos inteligentes (2023), y las que vendrán en los próximos años, no hay duda de que la transformación de la imagen y su adecuación a ciertos parámetros físicos, sigue evolucionando con gran velocidad, precisión y nitidez. Esto implica que, el contraste entre la "imagen real" y la "imagen mediática" (o "tecnológica") sigue avanzando, y que el síndrome de la dismorfofobia podría agudizarse.

La representación de la mujer en contenidos sobre espectáculos, salud y belleza difiere de la mujer que destaca en las noticias de pobreza difundidas por los medios de comunicación venezolanos y de América Latina. La mujer "pobre" suele ser representada en los medios con rasgos "negroides" (afrodescendientes), los cuales contrastan con los rasgos más frecuentes de la mujer de clase alta, y la que triunfa en los concursos de belleza: tez clara, cabello liso, delgada. (Ishibashi, 2004; Tablante, 2009; Jaimes Quero, 2012).

¿Por qué se dan estas representaciones? Debemos remontarnos a la historia. Algunos sectores de la población de Venezuela y América Latina, caso de los descendientes de africanos, al ser sujetos excluidos y menospreciados durante siglos, debido a una presunta "inferioridad racial", constituyeron grupos estigmatizados, en desventaja frente a otros, tuvieron chance de acceder a oportunidades de estudio, empleo, desarrollo profesional, servicios de salud. Y, por supuesto, esto consolidó poderosos prejuicios en la industria de la comunicación: los afrodescendientes no podían figurar como imagen de belleza y prestigio, porque no personificaban el éxito en la sociedad, por tanto, debían ser invisibilizados, subrepresentados. En esta industria, los afrodescendientes generalmente representan la pobreza y la marginalidad. En países como Estados Unidos, a pesar de los recurrentes problemas en torno al racismo, la industria es más diversa que la de Venezuela y otros países de América Latina, es más abierta a la participación y representación de los distintos grupos étnicos y raciales, cuyos miembros pueden llegar a escalar posiciones importantes y prestigiosas en la sociedad.

García Calderón señala que la imagen femenina que tiende a prevalecer en los medios corresponde a la "mujer moderna", una mujer idealizada que debe ser admirada, copiada y adaptada por el público, que sirve como modelo para que las consumidoras se reconozcan en ellas y reafirmen su identidad (García Calderón, 2007, pp. 41-45). Esta mujer, sin embargo, también reúne rasgos físicos específicos, cercanos a los estándares de los concursos de belleza, el modelaje y otras facetas de la industria de la comunicación.

En este tema, debemos recordar la importancia de las creencias. Lo hemos visto en el paradigma que define a la mujer venezolana como "bella por naturaleza", como la más favorecida del planeta, construcción derivada del discurso del certamen Miss Venezuela y de los éxitos de sus reinas en concursos internacionales. Este es un paradigma distante de la mujer "real", la que no siempre encontramos en la vida cotidiana, en el supermercado, en las plazas públicas, en la calle, pero es un paradigma transformado en creencia (Jaimes Quero, 2012), aunque desde la propia prensa ha sido cuestionado (Maritza Montero, 1998). No importa que una creencia se apoye o no en una realidad irrefutable: lo importante es que la gente la acepte como una "verdad". Sucede lo mismo con la representación mediática: no importa si es verdadera o no, lo importante es que el público la acepta, y la asuma como un referente válido que orienta sus comportamientos en la vida.

Desde una perspectiva racial, el tratamiento de la imagen femenina en los medios de comunicación en Venezuela, América Latina y otras latitudes, ha estado marcado por la poca diversidad. En el caso de Venezuela, Ishibashi (2001) observó que la representación de la mujer negra en anuncios publicitarios de vallas, televisión, cine y el certamen Miss Venezuela apenas alcanzaba entre 4 y 10%. En 2004, este mismo autor encontró datos similares. Finalmente, concluyó que los afrodescendientes eran subrepresentados y discriminados en este terreno. (Ishibashi, 2004).

Un estudio de Velásquez de León halló que, en 150 mujeres exhibidas en anuncios publicitarios, 80% de ellas tenían tez blanca (o clara). Le seguían morenas (16%), sin identificar (1,8%), negras (1,3%) y otra (0,6%). Por otra parte, 86,6% de las mujeres era de cabello lacio (liso), el resto poseía cabello ondulado (3,33%), rizado (6%) y sin identificar (4%). (Velásquez de León, 2004).

Esto no ha cambiado mucho, lo vemos en las hipermediaciones del nuevo milenio. En efecto, en los medios de comunicación y en las redes, se han desarrollado prácticas discriminatorias cuando se hace invisible a un grupo social, grupo que es rechazado o menospreciado debido a sus características físicas, étnicas, religiosas, lingüísticas, a sus ideas políticas, sistemas de creencias y estilo de vida. Todo esto depende, por supuesto, de la naturaleza del medio, sus contenidos, su línea editorial y sus propietarios. Es frecuente, como señala Van Dijk, que las prácticas discriminatorias se desarrollen como parte de las "rutinas de producción", es decir, como parte de un trabajo diario que se convierte en un oficio automatizado, en el cual no hay tiempo para la reflexión, ni voluntad de hacerlo. En este caso, los propietarios, editores, productores y ejecutivos de los medios no toman conciencia de la praxis discriminatoria inherente a su gestión. En influencers y cibernautas comunes, suele suceder algo similar. No obstante, puede ocurrir que a menudo estas prácticas se den adrede, con plena conciencia de ello, como se ha visto en alguna agencia de publicidad cuyos gerentes y ejecutivos ordenan a sus diseñadores no incluir personas "de color" en avisos y campañas. Esto ocurre en la Venezuela de 2022. Un comportamiento de este tipo sería un escándalo en Estados Unidos, daría origen a protestas, y los responsables seguramente pagarían caro su osadía.

Midiendo la diversidad

Una investigación realizada en 2017, sobre el tratamiento de la imagen femenina en medios informativos de Farmatodo, empresa del sector farmacéutico con operaciones en Colombia, Venezuela y otros países, reveló datos interesantes sobre el tratamiento de la imagen de la mujer.

En este estudio, se examinó el discurso de la revista *Farmatodo* y la cuenta @farmatodo en Twitter, para determinar si había diversidad étnica-racial en la imagen de la mujer en ambos canales, en el período 2015-2017. En este análisis se establecieron categorías para identificar y cuantificar los rasgos físicos de las damas que aparecieron en las fotografías de la revista, tanto las que fueron publicadas en portadas como en las informaciones desarrollada en las páginas interiores. Al respecto, se tomaron en cuenta los siguientes rasgos: tono de la piel, color y tipo de cabello. Un enfoque similar se hizo con las publicaciones de la cuenta de Twitter @farmatodo. En ambos casos, los datos obtenidos fueron sometidos a un procesamiento estadístico. Una vez culminadas estas fases, se determinó si había diversidad étnico-racial en las imágenes publicadas.

Respecto a la muestra, se seleccionaron 12 ediciones de la revista *Farmatodo* (desde la edición 120 hasta la 131). Para el análisis de la portada, se incluyeron todos los ejemplares, mientras que, para el análisis de las páginas interiores, se escogieron al azar las ediciones 123, 124 y 128, de las cuales se tomaron en cuenta 293 fotografías relacionadas a informaciones en las cuales está presente la mujer. No se incluyeron avisos publicitarios y promociones de la empresa ni entrevistas a médicos especialistas. Tampoco se incluyeron las secciones "Farándula", "Viajes", "No lo botes", "Horóscopo", "Humor" y la contraportada, porque no presentaban fotografías de mujeres, y sus contenidos y fotografías no estaban relacionados con los temas prioritarios de la revista: salud, fármacos y tratamientos médicos. Se descartaron las fotografías de personas cuyo sexo no pudo ser identificado, así como fotografías de hombres, ilustraciones, alimentos, ropa y objetos diversos.

En cuanto a la cuenta de @farmatodo, se hizo una selección de tuits en cuyas fotografías se observan mujeres. La selección se hizo bajo las mismas condiciones aplicadas a la revista. Los tuits (64 en total) fueron publicados entre abril de 2016 y febrero de 2017.

Para determinar la diversidad étnica-racial en ambos medios establecimos un conjunto de categorías respecto a los rasgos físicos de las mujeres de las fotografías: tono de la piel, tipo de cabello y color del cabello. Solamente en el caso de las portadas de la revista se incluyó el color de los ojos, debido a que el tamaño de la imagen permitía identificarlo.

Para el tono de la piel se establecieron las siguientes subcategorías: claro, claro-medio, medio, medio-oscuro y oscuro. Para el tipo de cabello: liso, liso-crespo, crespo y ensortijado. En cuanto al color del cabello, se consideraron las siguientes opciones: rubio, marrón, negro, rojo y los que determinó el observador. Respecto al color de los ojos, se establecieron las siguientes alternativas: verde, azul, gris, pardo, marrón, negro y las que logró distinguir el observador. En una matriz se recopilaron los datos observados, y luego se les dio tratamiento estadístico.

De las 293 mujeres presentes en las fotografías publicadas por la revista en sus páginas interiores, se obtuvieron los siguientes resultados:

Tono de piel
Claro (85,32%)
Claro-Medio (5,56%)
Medio (6,48%)
Medio-Oscuro (0,34%)
Sin identificar (0,68%)

Tipo de cabello
Liso (49,82%)

Liso-Crespo (14,33%)
Crespo (5,11%)
Ensortijado (1,36%)
Sin identificar (29,35%)

Color del cabello

Marrón (45,72%)
Rubio (20,13%)
Negro (7,48%)
Rojo (1,7%)
Sin identificar (24,57%)

En cuanto a las portadas de las revistas, en las 12 ediciones (de la N°120 a la N.º 131) se encontraron los datos que siguen:

Tono de piel

Claro (91,66%)
Claro-Medio (8,33%)
Medio (0%)
Medio-Oscuro (0%)
Oscuro (0%)

Tipo de cabello

Liso (83,3%)
Liso-Ondulado (16,66%)
Ondulado (0%)
Ensortijado (0%)

Color del Cabello
Marrón (41,65%)
Rubio (33,32%)
Rojo (16,66%)
Negro (8,33%)

Color de los ojos

De las 12 mujeres, 8 de ellas (66,64%) presentan colores que oscilan entre azul, gris y verde y 4 mujeres exhiben color marrón (33,32%). No se observaron otros colores.

Twitter. Cuenta @farmatodo

De las 84 mujeres que aparecen en las fotografías de los tuits, se observó lo siguiente:

Tono de piel
Claro (79,76%)
Medio-Claro (9,52%)
Medio (4,76%)
Medio-Oscuro (2,28%)
Oscuro (1,19%)

Tipo de cabello
Liso (67,85%)
Liso-Ondulado (8,33%)

Ondulado (4,76%)
Ensortijado (2,38%)
No se ve/No se identifica (16,66%)

Color del cabello
Marrón (52,37%)
Rubio (7,14%)
Negro (5,95%)
Rojo (1,19%)
No se ve/ No se identifica (33,33%)

El tratamiento de la imagen femenina en ambos medios privilegia a la mujer de tono de piel claro, con cabello entre liso y liso-ondulado, con un color que presenta variedad, pero tiende a ubicarse entre rubio, marrón y negro. Para efectos de esta investigación, el color del cabello tiene menor importancia que la tez, aunque sabemos que dentro de los códigos de la industria de la comunicación y en las interacciones sociales, un cabello rubio puede conceder estatus y prestigio a una mujer, lo que en parte explica por qué tantas de ellas optan por teñirlo.

El análisis de estos medios puede hacerse en conjunto, dado que pertenecen a una misma empresa y, por tanto, responden a una línea editorial. En cuanto a la revista, sus portadas dan prioridad a la mujer de tono de piel claro, cabello liso, cuyo color predominante oscila entre rubio y marrón (claro), pero en sus páginas interiores presenta mayor variedad. La cuenta @farmatodo muestra patrones similares a las páginas interiores de la revista.

Por otra parte, tanto en la revista (portadas y páginas interiores) como en la cuenta @farmatodo, se observa que la mujer de piel oscura y cabello ensortijado, rasgos típicos de las poblaciones afrodescendientes, tiene poca visibilidad. Llama la atención que en las portadas haya una presencia importante de rasgos cercanos a las tipologías nórdicas o caucásicas: piel clara (blanca), cabello rubio y ojos cuyo color oscila entre verde, azul y gris.

El tratamiento de la imagen femenina en ambos medios no presenta diversidad, responde a conceptos editoriales tradicionales en los que tiende a excluirse a mujeres que presentan un tono de piel oscuro y cabello ensortijado.

El equipo que dirige la revista y las redes sociales de la empresa argumentó que en reuniones de producción han planteado la necesidad de que las mujeres que aparecen en las fotografías sean más representativas de la población venezolana y se vean "menos nórdicas". Sin embargo, alega que hay que tomar en cuenta que la mayor parte de las fotografías usadas en la revista procede de un banco de imágenes contratado, en el cual la diversidad brillaba por su ausencia. También argumentó que se usaba este banco de imágenes, porque producir cada una de las fotografías era muy costoso para la empresa.

En otro orden de ideas, la empresa informó que en las promociones que hace la cadena farmacéutica en la revista, había trabajadoras de la empresa que eran "reales" y representativas de la diversidad del país, y que la organización siempre estaba abierta a cualquier observación y sugerencia beneficiosa tanto para la empresa como para el público.

Para 2023, la cadena Farmatodo presentó en su publicidad exterior, mujeres morenas, de cabello negro, "más populares".

Somos Pantallas

Capítulo 6

La herencia de los viejos medios

Humberto Jaimes Quero

Medios como la televisión, el cine, las revistas y los periódicos tuvieron una influencia importante en la producción y reproducción de los lenguajes, los códigos y los valores de la sociedad del siglo XX. Para sorpresa de muchos, esta influencia se siente en las redes sociales y otras plataformas tecnológicas que están abriéndose paso en el ecosistema digital del nuevo milenio. De manera que, al navegar en Instagram, TikTok, Google, YouTube y Facebook, por solo mencionar algunas de las plataformas más populares en el orbe, podemos encontrar discursos, contenidos y significaciones que vienen rodando desde aquellos "viejos medios". Estamos hablando tanto de los aspectos técnicos, caso de los movimientos de cámara y los planos, como de los aspectos culturales, caso de los símbolos, los estereotipos y un largo etcétera. No quiere decir ello, sin embargo, que no existan innovaciones y rupturas con el pasado.

Esa herencia está presente entre nosotros, negarlo sería absurdo, sería admitir que es posible partir de cero en el desarrollo de la humanidad. El cine, recordemos, construyó su lenguaje a partir de la fotografía, la pintura, el teatro y la ópera. Se apoyó en una herencia. De las redes sociales y las nuevas plataformas tecnológicas podemos decir lo mismo: comienzan a partir de una tradición, aunque, desde luego, pueden modificar todo ese bagaje, tanto en los aspectos propiamente técnicos y operativos, como en los procesos simbólicos, en los cuales está presente la cultura y sus códigos, en un amplio sentido. La propia Inteligencia Artificial, de la que tanto se hace alarde en este momento del devenir, no puede prescindir del pasado, si pretende entender al H*omo Sapiens* para relacionarse con él, imitarlo, incluso sustituirlo.

La representación de la belleza femenina es un ejemplo fehaciente de cómo el pasado sigue entre nosotros. En los viejos medios del siglo pasado, tanto en América Latina como en Europa y Norteamérica, esta imagen giró casi siempre en torno a una mujer joven, delgada, alta, de cabello largo y piel clara. Este fue el estereotipo dominante. Puede que en el nuevo milenio haya opciones diferentes al respecto, que sean visibles en las redes sociales discursos alternativos al paradigma citado, pero este estereotipo no ha muerto.

El estereotipo es uno de los patrones mejor reforzados por la televisión de señal abierta, la cual hizo su estreno en Venezuela a mediados del siglo XX. Una investigación de Eduardo Santoro (1969) encontró, por ejemplo, que los niños percibían que los personajes "buenos" de la pantalla chica eran los estadounidenses, los blancos, los ricos, de profesiones diversas y con nombres ingleses, mientras que los "malos" eran los alemanes, los chinos, los negros y los pobres. Parte de estos patrones se conservan en el presente, en las redes sociales.

Estos estereotipos usuales en la pantalla chica provenían de programas y películas creadas en Estados Unidos, pues no existía una abundante producción propia en la televisión de Venezuela. Se supone que tales prácticas podían ser superadas, con una producción diferente, bajo otros enfoques, donde la diversidad social, étnica y racial tuviera lugar. Pero estos procesos de cambio no se dieron como muchos esperaban.

Distintas razones se han dado para explicar cómo eran percibidos los contenidos emitidos por este medio de comunicación: la teoría del aprendizaje por observación, la teoría de la imitación, la teoría de los usos y gratificaciones de los medios, entre otras. De estas propuestas sometidas a experimentación, se concluyó lo siguiente: los espectadores no son simples consumidores; los espectadores seleccionan mensajes y contenidos de acuerdo a sus experiencias de vida, sus valores o los del grupo familiar; los niños aprenden por observación e imitación de modelos; existe una tendencia en la población a apoyar las opiniones dominantes por temor a quedar fuera del consenso; los mensajes o contenidos seleccionados con frecuencia tienden a reforzar los estereotipos y prejuicios. (Hernández, 1995)

Hay que subrayar, no obstante, que los televidentes, tanto niños como adolescentes y adultos, nunca se comportaron como simples receptores y reproductores de estereotipos, como meros recipientes vacíos sobre los que se vertían contenidos, mensajes, imágenes e ideologías difundidas por los medios. Los televidentes tenían criterio propio. El público podía rechazar contenidos y mensajes, ignorarlos o darles una interpretación diferente a la formulada por los emisores. Pero, en el caso de los niños, era más factible la aceptación y reproducción de contenidos.

En la televisión de Venezuela, al igual que la de México, Colombia, Perú y otros países de la región, los estereotipos étnicos y raciales fueron más que evidentes, reflejaron, además, las distinciones y la jerarquización en la sociedad; constituyeron una prolongación de la historia, la cultura y los comportamientos de cada país. Y eso exigía una interpretación teórica, aunque apoyada en datos concretos recabados a través de métodos científicos.

La interpretación teórica de la comunicación en el siglo XX se ha hecho desde diversas escuelas del pensamiento. En una época la vanguardia la llevó la Escuela de Frankfurt, con una clara orientación marxista. El otro pilar de referencia fue la Mass Communication Research, que desarrolló una perspectiva funcionalista, basada en elementos del positivismo y el conductismo. Con el paso del tiempo, desde luego, han surgido nuevas escuelas de pensamiento que toman parte del pasado, lo cuestionan, lo sustituyen y lo renuevan.

Para Ludovico Silva, pensador de orientación marxista, la televisión venezolana estaba inscrita en las relaciones de dependencia del país creadas en el contexto de la economía mundial, y, por ende, en ella podíamos encontrar una evidente alienación ideológica derivada de esa relación de dependencia, algo caractcrístico en todo país subdesarrollado inscrito en una economía mundial capitalista. Este criterio tuvo fuerza en el ámbito académico unas décadas atrás, cuando se hacía énfasis en la teoría de la dependencia, la cual ganó muchos adeptos en América Latina y el Tercer Mundo. Desde hace varios lustros, sin embargo, esta tesis perdió fuerza, casi nadie la menciona.

Silva trató de dar una explicación a la televisión como expresión de un sistema social que pregonaba, a través de la pantalla chica, una ideología concreta; es decir, había que ir fondo al analizar la televisión, porque sus programas y contenidos manifestaban un conjunto de valores, conceptos, significados y modelos de comportamiento que debían o podían ser analizados (y denunciados) desde una "teoría crítica".

Este autor planteó que el estudio de Eduardo Santoro respecto a los estereotipos de los niños, es un eco del sistema capitalista mundial, de las relaciones que se dan en el mismo y cómo quedaban allí reflejados ciertos grupos humanos. Si en Venezuela predominaba una programación mayormente elaborada en Estados Unidos, esto se debía a la condición de dependencia de Venezuela (Silva, 57). Además, los estereotipos de la televisión venezolana respondían a patrones tomados de la televisión de Norteamérica, los cuales, a su vez, eran un reflejo de las relaciones sociales generadas en aquel país, donde existían importantes conflictos raciales y étnicos, los cuales, como sabemos, no han cesado.

A propósito de estas consideraciones, Silva se preguntó si era posible disponer de una ciencia que pudiera relacionar un contenido latente con la ideología del sistema. (Silva, 65). Sobre este tema, sostuvo lo siguiente:

"Por otra parte, en el supuesto caso de que nos encontremos dados y aislado lo latente del mensaje, será preciso contar con el criterio de una ciencia social capaz de relacionar ese contenido latente con la ideología del sistema social en que se presenta. Por ejemplo: supóngase que un estudia lograr aislar, como contenido latente de ciertas series detectivescas norteamericanas que se ven en TV venezolana, el hecho de que en el 99% de los casos jamás aparece como protagonista-héroe un negro o un asiático, y que ello implica una preferencia por los blancos occidentales, ¿de qué servirá tal constatación si no se posee, para interpretarla debidamente, una ciencia social que nos explique el racismo como alineación, y el colonialismo como forma histórica de explotación, la guerra imperialista como medio de solucionar problemas económico-políticos del sistema capitalista? ¿Cómo, sin una teoría adecuada, se podrá medir el verdadero alcance de un mensaje oculto como ese en una sociedad subdesarrollada compuesta de negros, blancos, mestizos, mulatos?" (Silva, 67-68)

No obstante, la producción en televisión y en cualquier medio de comunicación no está determinada únicamente por los factores políticos, económicos y culturales tanto nacionales e internacionales, sino por la propia capacidad del equipo humano que lleva adelante la realización de los distintos formatos, trátese de documentales y telenovelas, por eso siempre hay la posibilidad de que surjan innovaciones. La "dependencia" no puede explicarlo todo, tampoco el "imperialismo yanqui", el "imperialismo cultural", y el "neocolonialismo".

Hemos hablado de la televisión, porque es el medio de comunicación que en Venezuela tuvo mayor influencia en la población, en el siglo XX, tal como lo corroboraron numerosos estudios. Ese poder para incidir en los hábitos y creencias de las personas, llevó a que atrajera la mayor parte de la inversión publicitaria del Estado y la empresa privada. De hecho, la televisión abierta fue un referente cultural para la población mucho más atractivo que los periódicos, las revistas, la radio, el cine y otros medios. Pero, en los primeros lustros del siglo XXI se dio un cambio profundo: fue desplazada por las redes sociales. De todas maneras, el viejo medio ha buscado renovarse y sobrevivir en la "sociedad red", a través de procesos de hibridación donde convergen distintas plataformas, lenguajes y usos.

La pantalla chica tuvo un peso específico en el comportamiento de la población venezolana, en el modelaje de la conducta, incidió en aspectos como la manera de hablar, la concepción de la belleza humana, el consumo de artículos de higiene y tratamientos estéticos corporales. De ella derivaron parte de los códigos culturales empleados en otros sectores del ecosistema comunicacional de hoy, o si se prefiere, en la "sociedad red" y sus hipermediaciones.

Un caso evidente acerca de cómo el pasado sigue vivo en el presente, lo vemos en los concursos de belleza como el Miss Universo y el propio Miss Venezuela, que tanta fama tuvo en los años 80 y 90 del siglo pasado, dentro y fuera del país, gracias a la magia del artefacto milagroso que lo hizo llegar a miles de hogares. En estos concursos, cuando gana una joven que no calza en los estereotipos, el público protesta airadamente.

En 2019, la joven Isabella Rodríguez Guzmán, oriunda de Petare, un populoso barrio ubicado en el este de Caracas, ganó el concurso Miss Venezuela. De piel morena, ligeramente oscura, y cabello negro, su imagen causó cierta sorpresa en el público, pues no encajaba con el perfil de otras jóvenes que habían alcanzado el trono de Miss Venezuela y Miss Universo, caso de Estefanía Fernández y Dayana Mendoza. La reacción no se hizo esperar: fue llamada "mona", "fea", fue atacada con numerosos insultos y palabra altisonantes. En el fondo, estas chiflas dejaron ver lo que hemos dicho: fue un reclamo porque "el sistema había fallado", porque hubo una "desviación" en la producción, en los estándares de belleza, en la "fábrica de clones", como sugirió el escritor Ibsen Martínez.

Estos insultos también son frecuentes en las redes sociales como Instagram, cuando los cibernautas arremeten contra una figura pública, un artista o una reina de belleza que representa una desviación de los estándares, o emite una opinión no esperada por los prosumidores, por sus fans, quienes deciden, en consecuencia, "cancelarla". Tal es el caso del actor afrovenezolano "Coquito" (Wilmer Machado), quien fue objeto de burlas e ironías en Instagram (2021), cuando presentó fotografías alusivas a su matrimonio con una chica de piel clara. Estas reacciones en parte provienen de los viejos estereotipos y prejuicios de la sociedad, de los viejos códigos empleados en la televisión, la publicidad comercial, el marketing y la comunicación corporativa, los cuales no desaparecieron con el cambio de siglo. En la configuración de tales códigos, los medios, las empresas anunciantes, las agencias de comunicación y otros factores tuvieron y tienen una participación activa como arte y parte.

Las tecnologías de la información surgidas en los últimos tiempos, en principio son menos restrictivas que los medios tradicionales: los cibernautas pueden publicar contenidos con más libertad que en un periódico, pues no deben enfrentar un comité editorial que establece un código de ética, unas normas, un manual de estilo y una política acerca de cómo informar (y a veces hasta opinar) sobre tales o cuales temas. En otras palabras: los cibernautas no tienen las limitaciones que antes existían. No obstante, en los últimos tiempos, plataformas como Twitter y Facebook, por solo mencionar algunas de las más usadas, han tenido que establecer normas de uso que restringen contenidos abusivos, denigrantes, peligrosos, racistas, incitadores de odio, así como "fake news". La medida, obviamente, ha generado polémicas, denuncias de abuso e injusticia de parte de los usuarios, quienes alegan que su libertad fue mermada. Puede que, en efecto, haya más limitaciones, pero el otro extremo sería permitir que los denominados discursos de "odio" proliferen y se desarrollen con cierta libertad, sin tomar en consideración algunas consideraciones éticas o las consecuencias que pueden generar en las víctimas, algunas de las cuales se han suicidado o han intentado hacerlo.

Otra evidencia de la persistencia del pasado en el presente, es que, en diferentes cuentas en las redes sociales del nuevo milenio, se intenta recordar y resucitar el "pasado glorioso" de un certamen como Miss Venezuela, la versión edulcorada del evento, el cual fue valorado no solo como un ejemplo de éxito gerencial, sino como modelo de comportamiento idóneo para el país. Sin embargo, detrás de sus galas y lentejuelas subyacen significados cuestionables, como es el caso de los estereotipos y prejuicios que tanto explotó sin pensar en los efectos que tendrían en algunos sectores del público.

Es tal la influencia de los estándares de este tipo de concurso, que las pasarelas no pueden evitar que estallen los insultos motivados por prejuicios, como aconteció en el Miss Universo de 2011. En esta oportunidad, la angoleña Leila Lopes se alzó con el título durante el concurso realizado en Sao Paulo (Brasil). Se trataba de una mujer de tez oscura, "negra", lo que causó una reacción controversial en algunos asistentes que insultaron a la muchacha de 25 años, a quien compararon con un mono, y llamaron "hija de King Kong".

Hasta 1998, solamente tres mujeres de tez oscura se alzaron con el título de Miss Universo. La exclusión de mujeres "de color" en el certamen siempre fue evidente. En parte puede explicarse como una secuela del viejo predominio de "hombre blanco" en el escenario mundial, en la economía, el comercio, la geopolítica, la cultura y, por supuesto, las modas, la belleza y la industria de la comunicación en general. No obstante, es un hecho que día a día irrumpen tendencias a favor de la diversidad humana y el multiculturalismo, lo que implica un cambio de perspectiva. Ahora proliferan laureadas "mises de color" o "modelos de color", pero que en oportunidades son calificadas de "exóticas", estrategia de un discurso a veces prejuiciado que resalta que en lo distinto a lo tradicionalmente bello es posible encontrar belleza, que también hay belleza, elegancia y glamour más allá del Viejo Mundo, más allá del epicentro de la civilización.

Otro hecho que también llamó la atención en 1998, fue que, por primera vez en cincuenta años, una mujer "de color" ganó el certamen Miss

Venezuela: Carolina Indriago. También causó sorpresa en el público venezolano, acostumbrado a ver triunfar a princesas con otras características.

Para entender cómo funciona este tipo de concursos, hay que pensar también en términos globales. Sus patrones están enlazados con las industrias globales. Si las fuerzas económicas y culturales del orbe se inclinan hacia uno u otra tendencia, probablemente la misma se sentirá en las pasarelas criollas, del mismo modo que se sienten en la gigantesca y milenaria China. Hace varios lustros el país más poblado dejó de ser el ensayo maoísta o comunista; en sus centros urbanos brota el capitalismo mundano, las damiselas envueltas en trapos y joyas a la usanza occidental, seres que, en sus nuevos afanes, no se niegan a aceptar cirugías, tratamientos e implantes.

Si las fuerzas del orbe, digamos las empresas transnacionales de cosméticos, biotecnología y medicina estética, apuntan hacia una u otra dirección, ello se respirará en Asia, Europa, Norteamérica y América Latina. En lo que toca a Venezuela, por tratarse de una economía de pequeñas proporciones, al igual que Ecuador, Colombia y Honduras, cualquier oscilación que experimente no tendrá ningún efecto en otras latitudes, caso contrario de China o Estados

Unidos. Al primer ajetreo en Beijing, Nueva York, París e incluso Sao Paulo, la economía doméstica sentirá las secuelas. Tampoco es Venezuela la vanguardia en el terreno de las modas y las pasarelas.

A pesar de lo dicho con anterioridad, sería ingenuo pretender que exista un proceso de homogeneización cultural que unifica de manera absoluta e irrevocable todos los mercados y todos los pueblos que hacen vida en el orbe. La experiencia demuestra que, al lado de las tendencias planetarias, por así llamarlas, surgen resistencias o reelaboraciones locales en Asia, Centro América y Europa del Este. Tales alternativas, constituyen variantes a la norma que, además, permiten mantener, por fortuna, la diversidad cultural y humana.

Lo que dice y no dice el discurso

Un discurso escrito, oral o visual, dice y no dice al mismo tiempo, hace explícito un contenido, o lo hace desaparecer a través del silencio. Sus estrategias pueden ser variadas y eficaces. Desde el punto de vista comunicacional, un mensaje puede ser leído de diferentes maneras dependiendo del público, su formación, sus actitudes y otros aspectos a tomar en cuenta. En este sentido, un conjunto de avisos publicitarios o textos informativos, puede ser percibido como discriminatorio por parte de un grupo de espectadores, percepción que podría ser distinta en otra franja del público, o entre los editores. De allí la importancia que otorga Van Dijk a las *rutinas* de producción de los medios de comunicación. El automatismo propio de la rutina mata la capacidad de reflexión. Todo se hace de una manera, porque siempre se ha hecho así. En estas circunstancias, la reflexión y la rectificación tienen pocas oportunidades de irrumpir. Ni hablar de los conceptos, las teorías y algunas metodologías que podrían acompañar el ejercicio reflexivo, necesarios para pensar acerca de los contenidos y mensajes inherentes a la gestión de los medios de comunicación, las redes sociales, las empresas y otras organizaciones.

El discurso de las publicaciones de moda, entretenimiento y belleza, por más frívolo e intrascendente que parezca, dice mucho. En su edición de aniversario, la extinta revista *Todo en Domingo* (2002), por ejemplo, publicó un texto que merece unos comentarios. Se trata de un reportaje sobre Rosario Wawon, una actriz morena que logró ingresar al exigente mundo actoral de Hollywood: "Una morena a la conquista de Hollywood" (Belinchón, 2002).

Este título advierte que se trata de "una morena" la que pretende alcanzar un lugar que parece no reservado para damiselas de este tipo. ¿Y qué habría sucedido si la aspirante hubiese sido una rubia? Que no tendría sentido un titular como el dedicado a la morena, pues la rubia representa el estereotipo de mujer exitosa en la meca del cine, al menos durante casi todo el siglo XX, cuando talentos como Marilyn Monroe se convirtieron en iconos representativos no solo del ideal de belleza estadounidense, sino de su industria cinematográfica, con las respectivas secuelas en el orbe. Si esa es la regla, no podemos tener un titular que muestra asombro porque se ha cumplido con la regla.

Hoy, por supuesto, las cosas han cambiado. Los patrones se han abierto a la diversidad, tenemos mujeres de distintas fisonomía y atributos. En la industria del cine viene sucediendo lo mismo que en el terreno de la moda, donde, como acertadamente dijo Umberto Eco, tenemos "la belleza negra de Naomi Campbell y la nórdica de Claudia Schiffer".

Otro ejemplo acerca del poder del discurso, lo tenemos en la revista *Estampas*, cuando publicó un fotorreportaje sobre una modelo de origen africano, Alex Week, nacida en Sudán. El reportaje aludido tituló: "Es la belleza negra más pura". (MA, 2001) En otras palabras, la publicación advertía al lector que se trataba de la "belleza negra", y no de la belleza blanca, que es la acostumbrada como norma social y editorial.

En el fotorreportaje se afirma que Alex Week "es la maniquí étnica más expuesta de la historia del modelaje. Es la única modelo de color con más de diez campañas publicitarias en todo el mundo y la top modelo con el cuarto salario más alto del ambiente". (Ibid.) Esto sugiere que las mujeres negras no suelen destacarse en este tipo de actividades. Es probable que algún lector asumiera que la publicación, de una u otra forma, estaba reproduciendo un discurso discriminatorio. Pero creemos que más bien la revista buscaba informar acerca de una práctica excluyente típica en el modelaje, y que no apoyaba un discurso discriminador.

La "sociedad-red" impuso cambios importantes, acabó con el control hegemónico que tenían los viejos medios, en los cuales predominaba una "comunicación" unidireccional, carente de retroalimentación. Ahora, en contraste, los públicos intervienen en los procesos de producción y consumo de contenidos, y esto constituye una diferencia radical respecto al pasado. Con razón se ha dicho, que estamos en la era de los prosumidores, es decir, de los productores-consumidores de contenidos.

En efecto, es un rasgo muy característico de la "sociedad red" del nuevo milenio, que cualquier persona produzca y consuma contenidos, conteste el mensaje original producido por un emisor y lo transforme. En Instagram y Twitter, por ejemplo, suelen aparecer memes a través de los cuales los prosumidores modifican el mensaje original de un emisor, lo alteran, le dan la vuelta, e incluso lo ridiculizan. Hace medio siglo, esto era imposible, el público no tenía grandes posibilidades de dar a conocer su opinión, debía conformarse con enviar una carta a un medio impreso para que fuese publicada en la sección de "Nuestros lectores", unos días después. En televisión, era más difícil aún.

La "sociedad-red" funciona de una manera diferente a la comunicación del siglo XX, es una telaraña de hipermediaciones, no responde a la dinámica del viejo sistema, el cual aparentemente era más estable, poseía ciertas normas, objetivos y productos de salida. A pesar de ser diferente, en ella se conservan los estereotipos de antaño, aunque, como hemos dicho, también hay perspectivas diferentes en los discursos que cuajan en Twitter, Instagram YouTube y otras plataformas.

En esta telaraña donde convergen los viejos y los nuevos medios, están presentes las empresas comerciales del sector salud, higiene y entretenimiento, que se integran como arte y parte de un complejo ecosistema, en los aspectos económicos, financieros, así como en el conjunto de valores, símbolos y códigos de una cultura que es compartida; una cultura que está mutando, pero sin desvincularse por completo del pasado. Hoy, como hace cientos de años, es inevitable que existan paradigmas en torno a lo bueno y lo malo, lo bello y lo feo, modelos de comportamiento, creencias que guían nuestra actuación. Allí entran los estereotipos de belleza que siguen desplegándose en las redes sociales. El pasado no ha muerto.

132

Capítulo 7

Imagen y rol de la mujer

Humberto Jaimes Quero

De las mujeres destacadas en el devenir venezolano, la prensa y la academia suelen mencionar a las que alcanzaron notoriedad en el campo de las letras o la música, casos de Teresa de la Parra y Teresa Carreño; igualmente recuerdan a aquellas que lucharon por la Independencia, como Luisa Cáceres de Arismendi, o que dieron un impulso importante a la actividad cultural, como Sofía Ímber. Estas figuras constituyen referencias indiscutibles para una buena parte de la colectividad.

Sin embargo, para la mayor parte del público, las perspectivas son otras. Las figuras más destacadas son las actrices, modelos, animadoras, mises y todas aquellas estrellas que siempre estuvieron asociadas a la industria de la comunicación. Nos referimos a nombres como Irene Sáez, Doris Wells, Susana Duijm, quienes constituyen referentes obligados en la memoria colectiva de una generación. Con el paso del tiempo, seguramente otras figuras ocuparan el podio.

Las mises se convirtieron en objeto de culto, gracias al éxito que tuvo el certamen Miss

Venezuela a escala nacional e internacional. Este evento se transformó en una institución única, privilegiada, en un ejemplo de gerencia exitosa y un modelo de comportamiento social idóneo. Y esa aureola envolvió a las triunfadoras. Ly Joanitis, ganadora del cetro de marras en 2007, así lo cree:

"Aunque la gente lo vea muy superficial, ser Miss Venezuela es algo bien difícil, que requiere mucho trabajo. Para Venezuela un certamen de belleza es muy importante, a diferencia de otros países. El Miss Venezuela es un patrimonio cultural, una institución, una escuela". (Dominical, Ultimas Noticias, 2007, p. 58)

En una perspectiva más crítica, Mercedes Pulido de Briceño, ex ministra de la Familia e intelectual de destacada trayectoria en la academia, cree que una miss refleja las aspiraciones o debilidades de las nuevas generaciones:

"La miss está dejando de ser mito o tótem, y se acerca a lo que pueden significar las aspiraciones o debilidades de las actuales generaciones". (Ibid., 59).

¿Aspiraciones o debilidades? ¿Hacia dónde apunta la mentalidad de una generación, de un sector de la población?

El certamen Miss Venezuela oxigenó temporalmente el ego de un país que, en cuestión de pocos años, pasó de la euforia "saudita" de los años setenta, a la pesadumbre arrojada por la crisis económica de los ochenta, la cual se agravó en el decenio posterior. Sí, un país que se sumergió en la "desesperanza aprendida", que encontró en las coronas universales un triunfo alentador, un estímulo, un calmante momentáneo para compensar el pesimismo ante la cruda realidad nacional; un remedio pasajero a lo que Tarre (1981) denominó "Complejo Venezuela", según el cual, para la mayoría de la población todo es negativo, no hay o no se ven logros.

En los años noventa, Venezuela se posicionó como "el país con el mayor número de títulos de belleza en el mundo". El pequeño terruño ubicado al norte de América del Sur, tenía "las mujeres más bellas de la Tierra". El escritor Juan Liscano escribió que era posible "vencer a anglosajonas y arias", una idea que no escapa a los viejos complejos y resentimientos del Tercermundo respecto a los países industrializados. Lo paradójico del asunto, es que esa belleza nunca fue completamente natural, pues a menudo se apoyaba en las cirugías y tratamientos estéticos. Todavía lo hace. Otra paradoja es que, al lado de los laureles obtenidos en diferentes concursos, como se ha comentado, la crisis se agudizaba,

El impacto del certamen

Los certámenes tuvieron un efecto múltiple en la sociedad venezolana; reforzaron estereotipos y prejuicios que repercutieron en diversas ramas de la industria de la comunicación y la propia sociedad. Sólo ciertas efigies, con determinados rasgos físicos y talentos, podían alcanzar la gloria, podrían convertirse en presentadoras, moderadoras y anclas de programas de televisión, tanto informativos como de entretenimiento. En las empresas privadas se adoptó esta pauta cercana para la construcción de la imagen de las organizaciones, sus marcas y productos. La observación vale para la comunicación corporativa e institucional.

Todo esto respondía a una lógica de mercado. Las princesas son sinónimos de credibilidad, buena reputación, prestigio y calidad, valores que cualquier empresa asume como propios y desea posicionar en su nicho. El detalle está en que estas princesas presentan unos rasgos físicos determinados, los cuales han sido codificados en el sistema comunicacional, y tienen una connotación que, obviamente, va más allá de la condición natural: no es lo mismo una piel clara que una piel oscura.

En el sector salud, belleza y hogar, la construcción de la imagen de empresas y marcas a través de la publicidad suele apoyarse en una imagen femenina atractiva, joven y moderna, aunque en algunos casos puede apelar a otros criterios. Todo depende de los productos y marcas que se ofrecen al público.

La presencia de las mujeres en el discurso dirigido al mercado es fundamental, y se debe a que las damas tienen una alta incidencia en el consumo, pues realizan hasta el 80% de las compras tanto personales como para sus hogares (Walzer y Lomas, 2005), por tanto, hacia ellas van dirigidas muchas piezas y campañas publicitarias. Cuando se piensa en el mercado, la gestión comunicacional debe representar a la mujer a la cual se dirige, debe pensar en ella. Si se trata de artículos de belleza, pues tendremos una princesa, una figura casi siempre idealizada, una imagen que, se supone, refleja las aspiraciones del público.

Por regla general, esta mujer tiende a ser alta, delgada, joven (20-40 años), cabello largo, piel clara, mientras que aquellas chicas poseedoras de otros rasgos físicos (piel oscura, cabello ensortijado, obesidad, pequeña estatura) tienden a ser excluidas, o son más visibles en temas asociados a la pobreza, marginalidad, programas de responsabilidad social y otras iniciativas, tanto del sector privado como público. Aquí se observa una clara diferenciación y estratificación tanto socioeconómica como racial (Jaimes Quero, 2012) que, como ya dijimos, ha sido codificada e interiorizada en la industria y el propio público. Los rasgos físicos, pues, poseen o contribuyen a generar significaciones y valores en la comunicación: belleza, prestigio, clase social, poder económico, progreso, bienestar, prosperidad, calidad. Y estos valores, a su vez, son los que las empresas asumen como propios, los asocian a sus productos, sus marcas y su imagen. Estas prácticas, desde luego, evidencian la formación y uso de estereotipos, algo frecuente en América Latina y España.

La presencia femenina en las prácticas comunicacionales ha despertado críticas contra representaciones y "modelos de mujer" que no corresponden a la realidad humana. No en vano, García Calderón plantea que tales representaciones pueden reflejar llegar a ser una deformación. (García Calderón, 2007, p. 38.)

Organizaciones no gubernamentales, institutos de investigación y movimientos sociales han cuestionado que los estereotipos femeninos generados por la publicidad funcionen como "modelos" y "prototipos" que los públicos deben seguir o reproducir, pues aparte de constituir una distorsión de la realidad humana, implican un conflicto potencial para la autoestima de las personas que no llegan a alcanzar o encarnar tales referentes, por lo cual, terminan desarrollando dismorfofobia (preocupación por algún defecto físico real o imaginado), problemas de autoestima y otros problemas psicológicos.

Investigaciones realizadas en Venezuela han abordado la "concepción estereotipada de la mujer venezolana a través de imágenes de la publicidad en la prensa" (2008) y nos han dejado observaciones al respecto:

"En nuestro país, los medios y específicamente la prensa escrita trasmite valores y actitudes que deforman la estética de las mujeres. Así a través de la proyección de imágenes, veremos cómo en algunos diarios de circulación nacional se construyen el estereotipo de mujer, y las diferentes formas como se violenta a la mujer a través del uso y abuso de su cuerpo en la publicidad". (Piñando / Yañez, 2008)

La observación anterior podría servir como antecedente al abordar el actual paisaje comunicacional y sus hipermediaciones, donde, como hemos dicho, se siente la herencia de los viejos medios. La mujer de cabello largo y liso, por ejemplo, sigue teniendo una alta frecuencia en el discurso publicitario, práctica que se corresponde no solo con el ideal de belleza consolidado, sino con la existencia de una variedad de productos orientados al cuidado de este tipo de cabello. Mientras que el cabello ensortijado (típico de las poblaciones afrodescendientes) tiene una presencia escasa, hecho que se relaciona con la escasa oferta de productos de este tipo. Una cosa explica la otra.

Sin embargo, así como existe una herencia del pasado, también se observan nuevas perspectivas y nuevas voces en la telaraña mediática. En 2021, por ejemplo, se desató una polémica en las redes sociales, cuando una promoción de la cadena Farmatodo dio a entender que el cabello enrulado o ensortijado, no cuajaba con el ideal de belleza femenina que la propia empresa promocionaba. La reacción del público no se hizo esperar: usuarios de las redes sociales cuestionaron el discurso de la empresa, y esta se vio obligada a retirar la pieza. En Estados Unidos, las cosas son diferentes: en primer lugar, existen numerosas tiendas y líneas de productos y marcas con una orientación hacia la población afrodescendiente; en segundo lugar, las empresas se cuidan, y no van a producir un discurso que puede ser percibido como ofensivo por un sector de la población.

El tratamiento dado a la imagen de la mujer en la publicidad, la comunicación corporativa y afines, no es un tema frívolo, pues con frecuencia refleja la incongruencia entre los principios que una organización dice defender, y su gestión. La misma observación para la sociedad: una cosa dice la Constitución, y otra es el comportamiento de los gobernantes, las instituciones y las personas.

Una empresa puede promocionar la igualdad y la diversidad entre los empleados, entre trabajadoras y trabajadores que pertenecen a diferentes grupos étnicos, culturales e incluso raciales, como sucede en Estados Unidos, donde las corporaciones procuran dar oportunidades a todos estos sectores en materia de empleos, ascenso, promociones y otros aspectos inherentes a la carrera profesional, aunque sin dejar de tener en cuenta la formación, la productividad y la actitud de cada empleado.

La pertenencia a un "grupo vulnerable" puede ser tomada en cuenta en las políticas de inclusión de las organizaciones, porque se supone que, dentro de sus programas de responsabilidad social, quieren contribuir a subsanar desequilibrios en la sociedad, no obstante, existe el riesgo de que estas iniciativas se desvirtúen y nos lleven a casos paradójicos: empleados que tienen un desempeño pobre, que no cumplen las metas de la organización, pero denuncian que, debido a su condición étnica o racial, no fueron ascendidos.

La cultura organizacional en las empresas pretende alinear al personal dentro de unos cánones específicos. Para ello se apoya en la aplicación de manuales, la realización de talleres de formación, el despliegue de las comunicaciones internas y distintas actividades que apuntan en una misma dirección. De este modo se pretende construir la identidad de la organización, así como garantizar su existencia y continuidad. Sin embargo, hay que reconocer la existencia de alteridad.

Al respecto, Fernández Nava y Useche sugieren que: "…las empresas deben considerar muchos aspectos para construir su identidad organizacional, pero sobre todo para promover un espacio donde prevalezca la armonía y un clima organizacional favorable, en el cual la alteridad se haga presente y enmarque los hechos y las palabras de las organizaciones". (Fernández Nava, Lizyllen / Useche, María Cristina, 2015)

La alteridad puede ser entendida como sinónimo de diversidad, como una variación en el tratamiento de la imagen femenina, como una ruptura con el estereotipo tanto en las comunicaciones externas como en las internas. Una organización puede mejorar su clima interno y su cultura al reconocer la diversidad. Respecto al entorno, ocurre lo mismo. Es, de hecho, lo que se ha venido haciendo en muchas organizaciones y medios de comunicación. Los tiempos de exclusión han ido quedando atrás, pero, todavía hay mucho que hacer.

Otras representaciones

La representación de la mujer en los viejos medios y en el actual paisaje comunicacional, ha ido más allá del estereotipo de belleza femenina estrechamente vinculado a los certámenes donde se seleccionan princesas y reinas. Esto responde a la propia realidad de la sociedad, a una época en la que la mujer tiene diversos roles, y donde la representación como tal se permite explorar múltiples opciones que no existían en otras épocas, cuando el otrora "sexo débil" no podía ir más allá de ser madre de hogar, dedicarse al cuidado de los hijos y subordinarse completamente al hombre.

Existen distintas representaciones de la mujer en los medios de comunicación, que "…oscilan desde mujeres independientes, masculinizadas y poderosas hasta las mujeres frágiles, sumisas y débiles; el uso de la sexualidad femenina en ambos casos como un recurso seductor para el espectador; la transformación del canon de belleza que abarca otros modelos corporales más realistas, ampliando las tipologías de mujer huyendo del etnomorfismo" (Caldeiro Pedreira, Mari Carmen & Rodríguez- López Jennifer, 2015, p. 78).

Están las divas o divas clip representaciones de la mujer que apelan al video clip para promocionar un producto, una artista y de manera simultánea proyectan una imagen de las féminas que, sin embargo, difiere de las que suelen dominar las pasarelas. Aquí encontramos casos como Lady Gaga, Beyoncé, Ariana Grande, Jessie J, Katy Perry o Jennifer López, entre otras artistas. (Caldeiro Pedreira, Mari Carmen & Rodríguez- López Jennifer (2015)

En las representaciones de la mujer puede observarse, en primer lugar, la utilización del cuerpo femenino como objeto estético/sexual; en segundo lugar, la denominada "superwoman" ("Supermujer"), que hace referencia a una persona que no es ama de casa, o que incluso no hace nada (es ociosa). (Espín López, Marín Gracia & Rodríguez Lajo, 2006). A estas variantes podríamos sumar la mamá juvenil, la mujer seductora, que aparece en anuncios acerca de perfumes, belleza, automóviles y otros productos. (Ibid., p.79).

En el escenario comunicacional de hoy, no existe una representación única de la mujer, por el contrario, hay una variedad de opciones. Por otra parte, el estereotipo de belleza sigue existiendo, pues da cierta seguridad a las empresas, el mercado y los públicos en cuanto a la eficacia de las comunicaciones y las normas sociales. Hay cambios evidentes, pues las mujeres que provienen de minorías étnicas o raciales han ido ganando espacios, pero muchas empresas, instituciones y ciberciudadanos siguen prefiriendo los clásicos estereotipos.

Capítulo 8

Una ley para grupos vulnerables

Humberto Jaimes Quero

En los capítulos anteriores hablamos de racismo, discriminación y otros problemas presentes en la industria de la comunicación de Venezuela del siglo pasado, dilemas que sobreviven en los comienzos del nuevo milenio. Son temas que suelen desatar controversia, porque no siempre es fácil determinar cuándo se producen tales problemas, por qué y cómo resolverlos. Otra razón, es que las empresas, los medios, los ejecutivos y otros actores que integran este tinglado, no siempre reconocen la existencia de tales dilemas, menos en un país que es "igualitario", donde "todos tienen oportunidades", creencias que impiden abrir los ojos y mirar el panorama desde una perspectiva menos conformista.

Desde sus inicios, la revolución bolivariana planteó abiertamente la existencia de discriminación racial en la sociedad y en los medios de comunicación social, denuncia que no fue bien recibida por los diferentes actores de la vida nacional y el público en general. A pesar de ello, el sector oficial insistió en el tema de marras y desarrolló una serie de iniciativas, entre ellas la *Ley Orgánica Contra la Discriminación Racial* (2011), con la cual se pretende erradicar la discriminación y conductas afines. El instrumento se hizo con la finalidad de reivindicar a los grupos vulnerables, caso de los indígenas y afrodescendientes, quienes tuvieron una participación activa en la elaboración de la norma.

Sin embargo, este instrumento presenta algunas debilidades. En efecto, en su elaboración no participaron diversas comunidades que en los últimos tiempos fueron víctimas de actuaciones excluyentes y discursos agresivos, caso de los judíos y los inmigrantes europeos. Por otra parte, es una normativa que, al igual que otras surgidas en el devenir nacional, no fue discutida entre los diferentes actores del sector comunicacional, lo que habría arrojado una visión más amplia del tema. Estas y otras debilidades dejaron una serie de dudas sobre la efectividad y pertinencia de la norma.

Esta ley, como sabemos, fue impulsada por el gobierno de Hugo Chávez, a través de sus aliados, y fue aprobada por Asamblea Nacional al cierre de 2011, como la *Ley Orgánica Contra la Discriminación Racial.* Su objetivo es "establecer mecanismos para prevenir, atender, eliminar, erradicar y sancionar la discriminación racial como "hecho punible" (Gaceta Oficial, 2011). La normativa es el fruto de un sostenido trabajo realizado por organizaciones no gubernamentales y comunidades etno-culturales, caso de los afrodescendientes y los pueblos indígenas, los cuales demandaban un instrumento legal que contribuyera a acabar con las prácticas de discriminación que han experimentado a lo largo de la historia, y ser reivindicados en la sociedad.

La ley, como dijimos, en gran parte se debe al esfuerzo puesto por el gobierno de Chávez por abordar este problema de vieja data. No obstante, ese mismo esfuerzo puesto en luchar contra la discriminación basada en razones étnicas, raciales o culturales no se ha palpado en otros ámbitos de la vida nacional, donde ha habido prácticas excluyentes por parte de instituciones y voceros del Estado, fundamentadas en razones políticas e ideológicas (Jatar, 2006). La exclusión, de hecho, ha sido una característica del proceso revolucionario, que desde un principio se propuso lograr un control hegemónico sobre la sociedad y acabar con las disidencias que podían amenazar ese control.

Hasta ahora, esta norma ha pasado por debajo de la mesa, no es muy conocida ni ha tenido una presencia importante en el debate público y la agenda de los medios. En efecto, la discusión en torno a este instrumento jurídico nunca despertó la misma atención que otros temas usuales, como es el caso de la inseguridad, el desempleo, el déficit de viviendas y la inflación. Frente a estos tópicos, el nuevo instrumento jurídico lució como una "extrañeza", pese a que su impacto podía ser de gran relevancia en algunos sectores. Desde su estreno, de hecho, es poco lo que se sabe acerca de la aplicación de esta normativa en casos concretos de la vida real, salvo algún escándalo mediático, como fue la controversia entre el diario *Tal Cual* y voceros de la comunidad afrodescendiente debido a una ilustración realizada por Weil, que resultó ofensiva y discriminatoria para esta comunidad (marzo de 2012).

Son diversas las preguntas e inquietudes que genera esta norma. La primera inquietud gira en torno a su justificación. En otras palabras: ¿Era necesaria? Si vivimos en una sociedad igualitaria, como sostiene la creencia generalizada, qué sentido tiene crear un instrumento jurídico que supuestamente va a facilitar o garantizar esa igualdad.

La Constitución Nacional establece la igualdad como un derecho, pero los hechos asoman otra realidad. El que se establezca una ley para atender la discriminación racial, supone un reconocimiento público y oficial del problema, que tal igualdad no existe, no es plena. En este sentido, la razón asiste a los legisladores que aprobaron la ley, independientemente de que la aplicación del instrumento jurídico sea eficaz, o de que la norma haya sido elaborada sin la participación de diversos actores sociales, políticos y empresariales que podían haber sido consultados en el asunto.

En relación a lo anterior, puede decirse que en Venezuela existe la discriminación soslayada, basada en el color de la piel, en los rasgos fenotípicos, en las características étnicas y culturales, tal como lo corroboran sólidas investigaciones realizadas por antropólogos, sociólogos y otros especialistas. Sucede, sin embargo, que buena parte de la sociedad se rehúsa a aceptar esta realidad, piensa que la "sociedad igualitaria" no admite tales desviaciones, que las prácticas de discriminación motivadas por la coloración de la piel u otros rasgos son cosa del pasado, y que tampoco puede existir resentimiento social generado a partir de dichas prácticas.

Es posible que la mayoría de los venezolanos, en efecto, asuma que la discriminación se extinguió al decretarse la abolición de la esclavitud (1854), o al instaurarse un sistema democrático (1958), el cual garantiza un conjunto de derechos, entre ellos la igualdad en un amplio sentido. La verdad, sin embargo, es que las prácticas de exclusión persisten. El detalle está en que se expresan de una manera distinta a la que caracterizó nuestro violento pasado colonial, cuando las poblaciones negras e indígenas, por ejemplo, fueron sometidas a la esclavitud, los castigos físicos y la permanente humillación a través tanto del discurso como de las normas jurídicas y sociales de la época.

Las prácticas excluyentes, al contrario de lo que muchos creen, no fenecieron por completo al concluir el período colonial, sino que se prolongaron en la vida cotidiana, en el comportamiento humano, a veces de manera inconsciente, aunque con otros matices y modalidades. Tales modalidades siguen expresándose a través de formas más sutiles, como se ve en los concursos de belleza, la publicidad y el modelaje, donde el talento de tez oscura, por ejemplo, suele ser menospreciado y casi completamente invisibilizado.

Los legisladores argumentaron que otra de las razones que justifican la creación de este instrumento jurídico, es la necesidad de contar con una ley orgánica sobre la materia. Como sabemos, la Constitución Nacional plantea la igualdad y otros derechos que impiden la discriminación en líneas generales, pero no existía un instrumento específico para tratar el tema a través de leyes orgánicas (y sus respectivos reglamentos). De allí que se creara la ley contra la discriminación.

En la introducción, la ley hace referencia a los procesos históricos y culturales en los que se han producido actitudes discriminatorias hacia pueblos, naciones y etnias en América, especialmente hacia los indígenas y los afrodescendientes, tanto en siglos pasados como en tiempos más recientes. La argumentación se apoya en los referentes de alcance nacional e internacional como la Declaración de los Derechos Humanos (1948), la Convención Internacional Contra la Discriminación Racial (1965), así como la Conferencia Mundial de las Naciones Unidas contra el Racismo, la Discriminación Racial, la Xenofobia y otras Formas Conexas de Intolerancia (Sudáfrica, 2001); es decir, la ley se apoya en el Sistema Internacional de Derechos Humanos, así como en un conjunto de valores que son moneda corriente en este mundo globalizado, y que el propio Estado venezolano acepta y respalda.

No obstante, esta introducción también hace referencia a algunos aspectos que deberían ser revisados. El documento denuncia, por ejemplo, situaciones de esclavitud que se supone existirían en la Venezuela de 2011. Es cierto que para la época abundaban prácticas laborales abusivas, en el sector público y privado, en la economía formal e informal, en el rebusque ciudadano, donde participaban niños, adolescentes, mujeres y hombres que se sometían a condiciones de trabajo duras y denigrantes. Pero, no creemos que hayan sido formas de esclavitud basadas en el origen étnico y racial. Las razones de fondo de tales desviaciones seguramente tenían que ver con urgencias económicas, el incumplimiento de normas laborales corrientes y otras situaciones.

Uno de los puntos de la ley que debe revisarse, es el uso de la palabra "racial", voz que deriva del concepto de "raza", el cual ha sido rechazado por la comunidad científica mundial, debido a que carece de fundamentos sólidos. Dicho de otro modo: en el mundo no existen "razas", tampoco una "raza blanca" ni una "raza negra". Hoy día se habla de una especie, el *Homo Sapiens*, que presenta características fenotípicas y culturales que varían de uno a otro extremo del planeta. Se entiende, sin embargo, que los legisladores apelaron a un vocablo de uso masivo para hacerse entender.

Tampoco debería hablarse de "discriminación racial". Si aceptáramos el término "racial", estaríamos de acuerdo con la existencia de "razas". En el caso de Venezuela, las investigaciones antropológicas e históricas indican que en el país se ha excluido a sectores sociales, en circunstancias muy específicas, y en función de algunos rasgos físicos (el cabello, los rasgos faciales), por lo cual, no estamos ante casos de discriminación de "raza". Algunos autores hablan de "colorismo", para expresar que la exclusión se basa en el color de la piel y no en las presuntas diferencias de "raza". No obstante, el uso de términos como "raza" y "racial" es tan generalizado, que se hace difícil omitirlos.

Tal vez los legisladores debieron optar por una terminología que aludiera a la discriminación basada en rasgos físicos, dado que así tiene mucho mayor alcance, porque no sólo apunta al color de la piel, sino a otras características de las personas, las cuales, de hecho, influyen en las relaciones sociales y en las actitudes de discriminación, caso típico del talento escogido en la industria de la comunicación, donde se han visto casos de exclusión no solo hacia las personas de tez oscura, sino de baja estatura y con alguna discapacidad física. Hay que recordar que en Venezuela sigue teniendo fuerza la creencia de que es "el país de las reinas de belleza", y que estas princesas constituyen el modelo a seguir, el estándar idóneo en la industria de marras.

La ley hace énfasis en los "grupos vulnerables", es decir, en los indígenas y afrodescendientes, quienes constituyen los sectores más perjudicados por prácticas excluyentes a lo largo de la historia. Esto explica, además, que los redactores del instrumento provienen principalmente de estos sectores, en este caso representados por los miembros de la Comisión Permanente de Pueblo Indígenas y la Subcomisión de Legislación, Participación, Garantía, Deberes y Derechos de los Afrodescendientes.

Ciertamente estos grupos han sido los más perjudicados en el devenir. En el pasado, vivieron varios siglos en exclusión económica, social y cultural, en una situación de desventaja transmitida en forma progresiva a través de generaciones. Por eso se les reconoce como los más vulnerables. Esta continuidad histórica es real, fue transmitida de generación en generación. Empero, en la discusión y redacción del documento debió incluirse a otras comunidades étnicas y culturales, que además de formar parte de la sociedad venezolana, han sido objeto de un discurso excluyente por importantes voceros oficiales, así como de actitudes de xenofobia. Nos referimos a inmigrantes europeos, estadounidenses e incluso judíos. A algunos descendientes de inmigrantes europeos, por ejemplo, los han llamado "inmigrantes de mierda" o "blanquitos de mierda", en momentos en que la polarización política y social del país alcanzó altos niveles. Para más señas, hubo quienes plantearon que era mejor que tales grupos se marcharan del país. Ni hablar de lo ocurrido con los judíos, quienes en distintas oportunidades fueron bombardeados desde ciertas rotativas con un discurso feroz, parecido al empleado por los pasquines nazis que antecedieron el ascenso del Tercer Reich. Es positivo que se pretenda erradicar la discriminación hacia los afrodescendientes e indígenas, pero también debe ser suprimida cualquier actitud excluyente hacia los europeos, los estadounidenses, los judíos y otras comunidades. De hecho, pensamos que debió incluirse a representantes de estas y otras comunidades en la elaboración de la ley.

Debido al sesgo con el que fue elaborado, este instrumento jurídico más bien parece ser una *Ley Contra la Discriminación de Afrodescendientes e Indígenas* y no una herramienta pensada para la sociedad como totalidad, para todos los sectores o grupos étnicos y raciales que la integran, que además han sido o podrían ser víctimas de prácticas excluyentes.

Por otra parte, creemos que debió consultarse a los actores de la sociedad que se supone están relacionados con situaciones discriminatorias (como presuntas víctimas o presuntos victimarios) porque de este modo se tendría una visión más amplia del problema, y se podrían hacer los correctivos de rigor, sobre la base del debate y el consenso.

El artículo 8 de la ley prohíbe que se constituyan organizaciones que tengan por objeto social efectuar actividades que promuevan o inciten la discriminación racial. A primera vista, podría pensarse que este artículo pretende ir contra una organización racista tipo Ku Klux Klan, o algún partido de la ultra derecha, lo que resulta toda una rareza en un país como Venezuela, donde no han existido este tipo de movimientos quizás en los últimos dos siglos. Sin embargo, cabría preguntarse si este artículo podría aplicarse a otro tipo de organizaciones que no de manera implícita promocionan la exclusión de grupos étnicos o raciales con determinadas características.

En otros artículos la ley establece que los locales comerciales deberán colocar avisos respecto a la política de no discriminación, como de hecho ha sucedido. Pero, esto no implica que algunas empresas y organizaciones en sus campañas publicitarias excluyan a ciertos grupos, o que desarrollen productos y piezas publicitarias que contradicen el espíritu de los referidos carteles, los cuales, en consecuencia, no pasan de ser un simple saludo a la bandera, una manifestación más del disimulo.

Por su parte, el artículo 9 prohíbe el "establecimiento de estereotipos fenotípicos o raciales como motivo de discriminación racial hacia las personas o grupos de personas en actividades de investigación policial, penal y criminalística". Esto quiere decir, por ejemplo, que en un estudio sobre la delincuencia no se deberían divulgar los rasgos fenotípicos de las personas que cometen los delitos, incluso como dato estadístico, porque ello podría conducir a crear estereotipos negativos hacia grupos o personas con características específicas.

Este punto es interesante, porque pretende poner fin a los estereotipos, aunque sea solo en el tema de la delincuencia. Más interesante habría sido proponerlo en otras áreas, caso de los variopintos formatos de la industria de la comunicación las telenovelas, la publicidad y otras criaturas, espacios donde los estereotipos se producen abiertamente, con frecuencia, y tienen un alcance innegable en los espectadores, que no es el caso del mundo del crimen como materia de estudio generalmente reservada a expertos, funcionarios y alguna franja del público que no disimula su interés por los relatos de sangre y violencia.

La formación y uso de estereotipos es un tema arduamente discutido en países como Estados Unidos, donde, sin embargo, existen estadísticas oficiales que relacionan rasgos fenotípicos y delito, condición étnica y crimen, "raza" y delincuencia. Décadas atrás, antes de las luchas por los derechos civiles desplegada a mediados del siglo XX, esta materia estuvo asociada a los prejuicios que había en la sociedad norteamericana hacia los afroamericanos, incluso en los cuerpos policiales, actitud que también se manifestaba en el cine, género en el que las personas "de color" eran representadas como delincuentes. Los indígenas de Norte América tampoco corrieron con mejor suerte. Esto ha cambiado un poco. Ahora, los afroamericanos suelen destacarse en roles estelares y producciones de alta factura. Ya no son el patito feo.

Los estereotipos no han desaparecido en Estados Unidos, aunque sigue habiendo un esfuerzo y una discusión de alto nivel por evitarlos. El problema de fondo es que, si la realidad social indica que un grupo predomina en los hechos de sangre, este dato estadístico no puede ser borrado de manera automática ni arbitraria. Por otra parte, está claro que las descripciones basadas en rasgos físicos en sí no pretenden crear un estereotipo, aunque indirectamente puedan influir en ello. Finalmente, como una manera de aliviar las tensiones que implican estos desafíos, en la comunicación institucional de temas que competen al mundo criminal, se ha optado por mostrar que los delincuentes pueden pertenecer a cualquier minoría, grupo étnico o racial.

En Venezuela, la investigación científica sobre criminalidad no suele analizar la variable etnicidad ("raza"). En un estudio sobre las clases sociales, el sociólogo Roberto Briceño León incluyó el factor racial y advirtió que hacerlo no implicaba asumir una actitud racista (Briceño León, 1992). Años después, en una investigación sobre la violencia, el mismo autor volvió a tomar en consideración el factor "raza" (Briceño León, 2008), pero no con la finalidad de afianzar estereotipos ni denigrar de un grupo social, sino con objetivos estrictamente sociológicos o científicos. Otros estudios más recientes siguen la misma línea: reflejar una realidad social, en lugar de afianzar estereotipos.

Como ya dijimos, la ley aprobada por la Asamblea Nacional intenta evitar que se construyan estereotipos étnicos y raciales sobre criminalidad, como de hecho sucede a veces en la publicidad y la propaganda institucional, tanto de la empresa privada como del Estado. Una investigación bien canalizada no tendría por qué contribuir a la formación de estereotipos y prejuicios. Quizás el problema no está en la realidad social examinada, sino en la forma de presentarla, incluso de darla a conocer a la opinión pública, cuando se seleccionen las imágenes que harán visible el tema.

El artículo 10 también se refiere a investigaciones científicas que puedan ser usadas para promover el racismo y la discriminación racial: "Se prohíbe la utilización de los resultados de cualquier tipo de investigación, con el objeto de promover el racismo y la discriminación racial". Aunque no profundiza sobre el tema, pensamos que esta propuesta puede entenderse a partir de la explicación anterior, es decir, la normativa trata de evitar que la difusión de rasgos fenotípicos en una investigación pueda conducir a la formación de estereotipos y prejuicios, pero esto no es tan automático, exige un tratamiento cuidadoso.

En su artículo 12, la ley se refiere a las "acciones positivas" o "compensatorias" cuyo objeto es "promover la igualdad real de oportunidades y condiciones a favor de personas o de grupos vulnerables". La normativa también aclara que se aplicarán "acciones positivas" siempre que "no tengan como consecuencia el mantenimiento de derechos desiguales para los diversos grupos después de alcanzados los objetivos para las cuales se tomaron". También menciona que tales medidas no deben conducir "al establecimiento de derechos separados para los diferentes grupos étnico-raciales y que no se mantengan en vigor después de alcanzados los objetivos para los cuales se hubieran adoptado". No obstante, la ley no profundiza ni aclara este punto en situaciones de la vida real.

En Estados Unidos, por ejemplo, las políticas de inclusión llevan a una empresa a dar oportunidades de trabajo a diversas minorías étnicas (hispanos, asiáticos, afroamericanos, indígenas) para lo cual se basan en la participación porcentual que cada uno de estos sectores tiene en una población local donde la compañía tiene sus operaciones. Si al favorecer a un grupo (los hispanos, por ejemplo) éstos llegaran a ocupar el 90% de los puestos vacantes, la medida compensatoria pierde su propósito.

Aunque no lo explica, esto es un poco lo que persigue la ley. La normativa pretende corregir una situación de desigualdad, pretende favorecer a los grupos vulnerables, caso de los indígenas y afrodescendientes, para que estén en condiciones de igualdad frente a otros. Pero al ser lograda la igualdad, debe evitarse que cualquiera de los sectores tenga más ventajas o privilegios que otros, es decir, que la medida orientada a establecer la igualdad no se convierta en una medida de desigualdad y discriminatoria.

Uno de los aspectos más importantes de la ley y seguramente más polémicos, es que oficializa la realización de estadísticas demográficas, en las cuales deben incluirse variables étnico-raciales. Esto significa que los censos de población y estudios similares que se realicen, deberán incluir una clasificación de la sociedad en función de los rasgos étnico-raciales y las condiciones de existencia en materia de educación, salud o vivienda.

Esta es una práctica recurrente en Brasil, Ecuador, Colombia y Estados Unidos, pero en Venezuela ha levantado polémicas, en virtud de que la población no ve necesario que se le clasifique en función del color de la piel u otros rasgos, es decir, como blancos, morenos, afrodescendientes o afrovenezolanos, ni que se indague acerca de las condiciones de existencia inherentes a cada sector. Investigaciones de este tipo tienden a ser rechazadas, aunque podrían ofrecer datos interesantes como diagnóstico de la sociedad.

Estudios realizados por el Banco Mundial y otros organismos internacionales, han confirmado que la mayor parte de la población afrodescendiente en América Latina se encuentra en niveles de pobreza, debido a diversas razones, entre ellas la exclusión transmitida a través de sucesivas generaciones. Hay que recordar que en estos países un importante porcentaje de las poblaciones rurales y pobres descienden de antiguos esclavos que huyeron de las plantaciones de cacao, como sucede en la zona de Barlovento, estado Miranda. En este caso, la condición de pobreza y exclusión fue transmitida de generación en generación, al punto de forjar lo que algunos autores denominan "deuda histórica".

Al aplicar una demografía "etnocultural", como la señalada por la ley, queda a la vista una realidad que quizá muchos no quieren reconocer públicamente: que no ha habido igualdad de oportunidades para todos, que hay sectores más vulnerables que otros, más pobres que otros, con menos posibilidades de progresar. Nos referimos a poblaciones que heredaron una situación de exclusión reproducida a través de generaciones, pero que siguen siendo marginadas, o al menos tienen menos oportunidades en ciertos escenarios, por cuanto no tuvieron oportunidad de prepararse para ingresar al mercado laboral y competir dentro de éste.

Incorporar en Venezuela el factor étnico o racial en los estudios demográficos ha sido complejo, pues muchos venezolanos no se reconocen como pertenecientes a una minoría, grupo o una comunidad específica, sino como venezolanos. Estudios parciales del Instituto Nacional de Estadística (INE) realizados en 2008 y 2009 encontraron, por ejemplo, que para no pocas personas de tez oscura era inviable identificarse o reconocerse como afrodescendiente o afrovenezolano.

El Censo de 2011 incorporó la categoría "afrodescendiente", pese a que en el ámbito académico hay un cuestionamiento a su uso. Pues bien, en los resultados preliminares anunciados por el INE, en agosto de 2012, la población que se reconoce a sí misma como afrodescendiente llegó a las 181.157 personas, cifra que constituye cerca del 0,62% del total nacional. Es un número que puede ser visto como muy bajo, dado que la presencia de rasgos biológicos y culturales africanos en la sociedad venezolana alcanza un espectro mayor. En este caso, el resultado tiene que ver con la poca aceptación que tuvo el término de marras, el cual, además, era desconocido. En fin, miles de venezolanos prefirieron que los llamen "negro", e incluso "moreno", en lugar de afrodescendiente.

En 2022, la encuesta ENCOVI realizada por la Universidad Católica Andrés Bello (UCAB) reflejó el componente étnico-racial, perspectiva que, una vez más, no fue bien vista por quienes no aceptan el uso de categorías étnicas y raciales en la población nacional, mucho menos si están asociadas a estratificación de clases o niveles de riqueza/pobreza.

LOS AUTORES

Gustavo Hernández Díaz

Licenciado en Artes, mención Cine (UCV, 1988). Doctor en Ciencias Sociales, mención honorífica (UCV, 2005). Profesor Titular de la UCV (2010). Director del Centro de Investigación de la Comunicación de la UCAB (2018). Director del Doctorado en Comunicación en la Sociedad del Conocimiento (UCAB, 2022). Director del Instituto de Investigaciones de la Comunicación, ININCO (2005-2012). Fundador y primer coordinador de la línea Educación, Comunicación y Medios (ININCO, 1990). Es autor de los libros La investigación en Comunicación Social (2016, 2da. edición); Hablemos de Pedagogías digitales, redes sociales y cibermedios en la escuela (2018, 2da edición). Su reciente libro en calidad de coordinador y colaborador es: + Comunicación: Técnicas y Soluciones (2022). Galardonado en tres ocasiones (2018-2019/2019-2020/2020-2021) con el Premio a los trabajos de investigación del personal académico de la UCAB.

Humberto Jaimes Quero

Licenciado en Comunicación Social (UCV, 1993). Magíster en Historia de las Américas (UCAB, 2003). Investigador del Centro de Investigación de la Comunicación CIC (UCAB) desde 2019. Profesor en pregrado y postgrado en Comunicación Social UCAB. Galardonado con el Premio a los trabajos de investigación del personal académico de la UCAB (2020-2021). Fue periodista de investigación en la revista Exceso, diarios El Universal y Últimas Noticias. Coautor y coordinador del libro *Nuevas Tendencias en la Comunicación Organizacional*, UCAB, ABediciones (2020). Autor de *Mejorando la raza* (Gráfica Lauki, 2012) y *Mentalidades, discurso y espacio en la Caracas de finales del siglo XX. Mentalidades venezolanas vistas bajo el graffiti*, Fundación para la Cultura Urbana (2003).

BIBLIOGRAFÍA

173

Para conocer las referencias bibliográficas de este texto literario, te invitamos a entrar en el siguiente link o escanear el código QR:

CRÉDITOS

Somos Pantallas. Copyright © 2023. Gustavo Hernández Díaz / Humberto Jaimes Quero. Todos los derechos reservados. Para más información: Humberto.jaimes@gmail.com

ISBN: 9798395806352

178

Venezuela, 23 de mayo de 2023

Somos Pantallas

181